別做最後一個傻子

博奕高手

養成手冊

別做最後一個傻子：

博奕高手養成手冊

【前 言】

在一個酒吧裡，四個男生正商量著如何去追求一位漂亮女生，旁邊一個男生卻在喃喃自語：「如果他們四個人全部去追求那個漂亮女生，那她一定會擺足架子，誰也不理睬。然後他們再去追其他女孩子，別人也不會接受，因為沒有人願意當『次級品』。但如果他們先去追其他女生，那麼漂亮女生就會感到被孤立，這時再追她就會容易得多。」

在那個男生的眼裡，追求女生就是一場「博弈」。這是影片《美麗境界》中的一個情節。博弈論原本為遊戲理論，這一理論涉及的「遊戲」範圍甚廣：人際關係的互動、球賽或麻將的出招、股市的投資等等，都可以用博弈論巧妙地解釋，可以說，紅塵俗世，莫不博弈。

人生是由一局又一局的博弈所組成，你我皆在其中競相爭取高分。所以說人生是一場永不停止的博弈遊戲，每一步進退都攸關成敗。

在和別人的對決中，你無法猜到對手的每一步棋。你只能使自己的招式沒有弊病，儘量完美。人生的命運，你不知道下一步等待你的將會是什麼。但你可以透過制定完美的策略，來

2

應對每一場困境。

　　在博弈中，那些微妙的可能性都會導致最終結果的改變。我們博，就是博那個我們所期待的結果；我們弈，也是期望能夠推動對手往我們期待的方向移動。我們學習博弈，就是為了讓自己的人生順利地朝著自己期望的目標行進。

　　我們精心挑選了幾個重要的博弈理論，深入淺出地講解各種博弈狀況，然後用豐富、生動的故事，向你介紹它對人生帶來的啟示。衷心希望博弈論的智慧能給你的人生帶來影響，讓你的每一次選擇都更加理性而睿智，讓你的人生更加精彩而順遂。

♣ ♦ 目錄 ♥ ♠

第一章
博傻理論，做聰明的投資者

在博傻理論中，只要你不是最後的那個笨蛋，你就是贏家。所以，你必須要睜大眼睛，不做最後一個笨蛋。

第二章
智豬博弈，行動之前動動腦筋

生活中，很多時候，並不是埋頭苦幹就可以的，你必須動腦筋思考一下付出與得到之間的比例，尋求得失平衡。

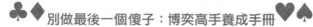

第三章

資訊博弈，比的就是資訊

資訊不對稱，是一個很大的障礙。在這個時代中，如何把握資訊也是檢驗你是否具有人生智慧的標準之一。

第四章

囚徒困境，選擇決定勝敗

生活中，你總是會遇到博弈論的內容，合作還是背叛，是一個很難抉擇的問題。但再難解的問題也並非毫無辦法。

第五章
髒臉博弈，眼睛緊盯自己

與其盡力去瞭解世界，不如多瞭解自我。不斷衡量周圍環境以及別人與自己的關係，可以幫你更好地認清自己，做出最佳策略。

第六章
鬥雞博弈，進與退的智慧

在這個競爭無處不在的社會，我們隨時都會遇到「鬥雞博弈」的問題。相持不下的時候，是選擇進攻還是後退？是選擇暫時的忍讓還是兩敗俱傷？如果不想損失慘重，還是採用科學的策略吧。

第一章
博傻理論，做聰明的投資者

在博傻理論中，只要你不是最後的那個笨蛋，你就是贏家。在許多投機行為中，關鍵是判斷「有沒有比自己更大的笨蛋」，只要有，那麼剩下的只是贏多贏少的問題。

如果再沒有一個願意出更高價格的更大笨蛋來做你的「下家」，那麼你就成了最大的笨蛋。所以，你必須要睜大眼睛，不做最後一個笨蛋。

01
別做最後一個傻子

♜

博傻理論告訴人們最重要的一個道理是：在這個世界上，傻不可怕，可怕的是做最後一個傻子。

著名的經濟學家凱恩斯，為了能夠專注地從事學術研究，免受金錢的困擾，曾出外講課以賺取課時費，但課時費的收入畢竟是有限的。於是他在 1919 年 8 月，借了幾千英鎊去做遠期外匯這種投機生意。

僅僅 4 個月的時間，凱恩斯淨賺 1 萬多英鎊，這相當於他講課 10 年的收入。但 3 個月之後，凱恩斯把賺到的利潤和借來的本金輸了個精光。7 個月後，凱恩斯又涉足棉花期貨交易，

又大獲成功。

　　凱恩斯把各類期貨品幾乎都做遍了，而且還涉足於股票。到 1937 年他因病而「金盆洗手」的時候，已經累積了一生享用不完的巨額財富。

　　與一般賭徒不同，作為經濟學家的凱恩斯在這場投機的生意中，除了賺取可觀的利潤之外，最大也是最有益的收穫是發現了「笨蛋理論」，也有人將其稱為「博傻理論」。

　　什麼是「博傻理論」呢？凱恩斯曾舉過這樣一個例子：

　　從 100 張照片中選出你認為最漂亮的臉，選中的有獎。但確定哪一張臉是最漂亮的臉，是要由大家投票來決定的。

　　試想，如果是你，你會怎樣投票呢？此時，因為有大家的參與，所以你的正確策略並不是選自己認為最漂亮的那張臉，而是猜多數人會選誰就投誰一票，哪怕醜得不堪入目。在這裡，你的行為是建立在對大眾心理猜測的基礎上而並非是你的真實想法。

　　凱恩斯說，專業投資大概可以比作報紙舉辦的比賽，這些比賽由讀者從 100 張照片中選出 6 張最漂亮的面孔，誰的答案最接近全體讀者投票得出的平均答案，誰就能獲獎；因此，每個參加者必須挑選的並非他自己認為最漂亮的面孔，而是他認

為最能吸引其他參加者注意力的面孔。

這些其他參加者也正以同樣的方式考慮這個問題。現在要選的不是根據個人最佳判斷所確定真正最漂亮的面孔，甚至也不是一般人的意見認為真正最漂亮的面孔。

我們必須做出第三種選擇，即運用我們的智慧預計一般人的意見，認為一般人的意見應該是什麼……這與誰是最漂亮的女人無關，你關心的是怎樣預測其他人認為誰最漂亮，又或是其他人認為其他人認為誰最漂亮……。

「博傻理論」所要揭示的就是投機行為背後的動機，投機行為的關鍵是判斷「有沒有比自己更大的笨蛋」，只要自己不是最大的笨蛋，那麼自己就一定是贏家，只是贏多贏少的問題。如果再沒有一個願意出更高價格的更大笨蛋來做你的「下家」，那麼你就成了最大的笨蛋。可以這樣說，任何一個投機者信奉的無非是「最大的笨蛋」理論。

生活中有許多例子與這個理論是相通的。比如「全能運動員」的評選，在這些投票當中，對於每個投票者的激勵是：他如果「正確的」選中某些人，不僅要選中十個人，而且順序也要正確，那麼投票者將獲得某種獎勵。

但是如何才能選中「正確的」人選呢？有「正確的」人選

嗎？得票多的就是正確的嗎？或者嚴格的說，得票最多的是第一名，得票次之的是第二名，等等。因此，投票者能夠選中的話，或者說被他提名的能夠「當選」的話，關鍵是猜測別人的想法，猜測對了你就能獲勝，猜錯了，你則無法獲獎。

在這裡，我們可以看到沒有正確與否，或者誰應該選上、誰不應該選上的問題，而是投票的人相互猜測的結果（當然，在這個過程中輿論的導向作用是很大的，他似乎告訴人們某某人是其他許多人所要選的）。

其實，在期貨與股票市場上，人們所遵循的也是這個策略。許多人在高價位買進股票，等行情上漲到有利可圖時迅速賣出，這種操作策略通常被市場稱之為傻瓜贏傻瓜，所以只能在股市處於上升行情中適用。

從理論上講，博傻也有其合理的一面，博傻策略是高價之上還有高價，低價之下還有低價，其遊戲規則就像接力棒，只要不是接最後一棒都有利可圖，做多者有利潤可賺，做空者減少損失，只有接到最後一棒者倒楣。

人們之所以完全不管某個東西的真實價值，而願意花高價購買，是因為他們預期有一個更大的笨蛋，會花更高的價格，從他們那兒把它買走。比如說，你不知道某個股票的真實價值，

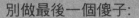

但為什麼你會花 20 塊錢去買 1 股呢？因為你預期當你拋出時會有人花更高的價錢來買它。所以，在資本市場中（如股票、期貨市場），人們之所以完全不管某個東西的真實價值而願意花高價購買，是因為他們預期會有一個更大的笨蛋會花更高的價格從他們那兒把它買走。

再比如說藝術品投資，你之所以完全不管某件藝術品的真實價值，即使它一文不值，也願意花高價買下，是因為你預期會有更大的笨蛋花更高的價格從你手中買走它。而投資成功的關鍵就在於能否準確判斷究竟有沒有比自己更大的笨蛋出現。只要你不是最大的笨蛋，就僅僅是賺多賺少的問題。如果再也找不到願意出更高價格的更大笨蛋從你手中買走這件藝術品的話，那麼，很顯然你就是最大的笨蛋了。

當然，肯定會有人成為最後的笨蛋。1720 年，英國股票投機狂潮中就有這樣一個插曲：一個無名氏創建了一家莫須有的公司。自始至終無人知道這是一家什麼公司，但認購時近千名投資者爭先恐後把大門擠倒。沒有多少人相信他真正獲利豐厚，而是預期有更大的笨蛋會出現，價格會上漲，自己能賺錢。

有意思的是，牛頓也參與了這場投機，並且最終成了最大的笨蛋。他因此感嘆：「我能計算出天體運行，但人們的瘋狂

實在難以估計。」

　　有一天，有一個人去文物市場，有商人向他推銷一個錢幣，金黃色的，商人說這是金幣，要賣 100 塊錢。這個人一眼就看出來這是黃銅，最多只值 1 塊錢。

　　於是這個人對商人說：1 塊錢的東西，100 塊錢我一定不會買，但是我願意以 5 塊錢買下來。商人看他是識貨的人，不敢再騙他，最後以 5 塊錢成交。

　　這個人的朋友知道了這件事，對他說：你真傻，明知道是 1 塊錢的東西，你花 5 塊錢買下來，那不是傻瓜嗎？這個人說：是的，我很傻，但是我知道有人比我更傻，我花 5 塊錢買來的東西很快就會有更傻的人以 10 塊錢買走。

　　過了幾天，果然這個人把這個「金幣」以 20 元的價格賣了出去，淨賺 15 元。

　　這個人的理論是：自己買貴了無所謂，只要找到一個比你更傻的人就成功了。就如同今天的房市和股市，如果是做頭傻那是成功的，做二傻也行，別成為最後的那個大傻瓜就行了。

02

鬱金香和君子蘭

♜

當某樣商品的價格被市場炒到明顯違背價值規律的地步時，這時就已經孕育了巨大的風險。

這是兩種美麗的花卉，可是都曾給人們帶來過狂喜，也帶來過災難。人們絕難想到世界經濟發展史上第一起重大投機狂潮，是由一種小小的植物引發的。

這一投機事件是荷蘭由一個強盛的殖民帝國走向衰落而被載入史冊的，它也是迄今為止證券交易中極為罕見的一例。經濟學上特有的名詞「鬱金香現象」便由此而出！

鬱金香，一種百合科多年生草本植物。鬱金香原產於小亞

細亞，在當地極為普通。一般僅長出三、四枚粉白色的廣披針形葉子，根部長有鱗狀球莖。每逢初春乍暖還寒時，鬱金香就含苞待放，花開呈杯狀，非常漂亮。鬱金香品種很多，其中黑色花很少見，也最珍貴。鬱金香的花瓣上，多有條紋或斑點，容易受病毒的侵襲。

17世紀的荷蘭社會是培育投機者的溫床。人們的賭博和投機欲望是如此的強烈，美麗迷人而又稀有的鬱金香也成為他們的投機對象，機敏的投機商開始大量囤積鬱金香球莖以待價格上漲。

在媒體鼓吹之下，人們對鬱金香的傾慕之情愈來愈濃，最後對其表現出一種病態的傾慕與熱忱，以致擁有和種植這種花卉逐漸成為享有極高聲譽的象徵。人們開始競相效仿瘋狂地搶購鬱金香球莖。

起初，球莖商人只是大量囤積以期價格上漲拋出，隨著投機行為的發展，一大批投機者趁機大炒鬱金香。一時間，鬱金香迅速膨脹為虛幻的價值符號，令千萬人為之瘋狂。

鬱金香在培植過程中常受到一種「花葉病」的非致命病毒的侵襲。病毒使鬱金香花瓣產生了一些色彩對比非常鮮明的彩色條紋或「火焰」，荷蘭人極其珍視這些被稱之為「稀奇古怪」

受感染的球莖。

「花葉病」促使人們更瘋狂的投機。不久，公眾一致的鑑別標準就成為：「一個球莖越古怪其價格就越高！」鬱金香球莖的價格開始猛漲，價格越高，購買者越多。歐洲各國的投機商紛紛踴進荷蘭，加入了這項投機狂潮。

1636 年，以往表面上看起來一文不值的鬱金香，竟然達到了與一輛馬車、幾匹馬等值的地步。就連長在地裡肉眼看不見的球莖都幾經轉手交易。

1637 年，一種叫 Switser 的鬱金香球莖價格在一個月裡上漲了 480%！一年時間裡，鬱金香總漲幅高達 5900%！

所有的投機狂熱行為有著一樣的規律，價格的上揚促使眾多的投機者介入，長時間的居高不下又促使眾多的投機者謹慎從事。此時，任何風吹草動都可能導致整個市場的崩潰。

一時間，鬱金香成了燙手山芋，無人再敢接手。鬱金香球莖的價格宛如斷崖上滑落的枯枝，暴跌不止。荷蘭政府發出聲明，認為鬱金香球莖價格無理由下跌，讓市民停止拋售，並試圖以合約價格的 10% 來了結所有的合約，但這些努力毫無用處。一星期後，鬱金香的價格幾乎一文不值，其售價不過是一顆普通洋蔥的售價。

千萬人為之悲泣。一夜之間多少人成為窮光蛋，富有的商人變成了乞丐，一些大貴族也陷入無法挽救的破產境地。

暴漲必有暴跌，客觀經濟規律的作用是任何人都無法阻擋的。下跌狂潮剛過，市民們怨聲載道，極力搜尋罪魁禍首，卻極力迴避全國上下群體無理智的投機這一事實。他們把原因歸究為那個倒楣的水手，或把原因歸究為政府調節手段不力，懇請政府將球莖的價格恢復到暴跌以前的水準，這顯然是自欺欺人。

人們緊接著把求援之手伸向了法院。恐慌之中，那些原已簽訂合約要以高價購買的商人全部拒絕履行承諾，只有法律才能督促他們依照合約辦事。然而，法律除了能干預某些具體的經濟行為外，它是不能凌駕於經濟規律之上的。法官無可奈何地聲稱，鬱金香投機狂潮實為一次全國性的賭博活動，其行為不受法律保護。

人們徹底絕望了！從前那些因一夜致富喜極而泣之人，而如今又再為乍然降臨的一貧如洗仰天悲泣了。宛如一場噩夢，醒來之時，用手拼命掐著自己的臉蛋才發覺現實就在夢中。身心疲乏的荷蘭人每天用呆滯的目光盯著手裡鬱金香球莖，反省著夢裡的一切……

　　世界投機狂潮的始作俑者為自己的狂熱付出的代價太大了，荷蘭經濟的繁榮僅曇花一現，從此走向衰落。鬱金香球莖大恐慌給荷蘭造成了嚴重的影響，使之陷入了長期的經濟大蕭條。

　　十七世紀後半期，荷蘭在歐洲的地位受到英國的挑戰，歐洲繁榮的中心隨即移向英吉利海峽彼岸。鬱金香依然是鬱金香，荷蘭卻從此從世界頭號帝國的寶座上跌落下來，從此一蹶不振。

　　「鬱金香現象」成了經濟活動特別是股票市場上投機造成股價暴漲暴跌的代名詞，也永遠載入了世界經濟發展史。

　　但人類往往不知道記取教訓，前車之鑑時常重演。

　　20世紀60年代初，長春的君子蘭從幾塊錢暴漲到最高20多萬一株，一度成為很多人發財致富的途徑，短時間內形成了養君子蘭熱。一種普通的植物，怎樣幻化成財富和地位的象徵？一盆小小的花卉，如何掀起整個社會的狂潮和爭議？從執著狂熱到驟然冷卻，多少人因為君子蘭擁有了一段喜淚交加刻骨銘心的回憶？

　　那段時期，君子蘭被譽為「綠色的黃金」。有人曾仔細比較兩者，發現極品君子蘭的價格已超出金價。那是一個瘋狂的時期：電視臺節目片頭用了君子蘭；掛曆連帶封面都是君子蘭

彩照；香菸、肥皂、服裝、傢俱等等商品，都忙不迭地打上君子蘭的圖案或字眼……短短幾十天，長春出現十幾家大公司和四十家花木商店，向各地拓展的分公司、子公司不計其數，最高潮時有五千多人去各地辦君子蘭展……。

長春某一工廠號召員工走君子蘭致富道路，全廠 1700 多名員工家家開養；工廠投資數十萬元，在辦公大樓樓頂蓋了 600 平方米空中溫室……當時統計，每天走進長春各君子蘭交易市場高達 40 萬人次，占全市人口的五分之一，這還不包括無證經營的人。市場裡，粵語、閩南語、湖南話、上海話……。

但是，由於投機過於劇烈，引發了種種社會動盪，終於在一九八五年的六月一日，長春市迫於各方壓力發佈了《關於君子蘭市場管理的補充規定》，嚴禁機關、企業單位，以及在職員工從事君子蘭的買賣活動。至此，君子蘭風才戛然而止，花價一落千丈。「瘋狂的君子蘭」，使成千上萬的跟風者傾家蕩產。大家的「發財夢」破滅了，少數幸運兒憑此挖到第一桶金，但也有不少的倒楣者坐牢了。

但是人類永遠都是盲從的，他們不能理性地總結經驗教訓，所以往往再次重蹈覆轍。在雲南普洱市──這個從前稱作思茅的地方，因為盛產的普洱茶據說具有保健以及越陳越香的

功用，被投機者瘋狂炒作，在不到兩、三年的時間裡，市場上的價格就狂漲了數十倍甚至百倍。一斤茶葉的價格最高能賣到人民幣 1800 元，當地茶農驚呼，摘茶如摘人民幣。而普洱市的大小賓館飯店，據說都住滿了來自全國各地，甚至國外的經銷商採購普洱茶。我們很難保證，這會不會是下一個君子蘭。

　　根據經濟規律，價格不能過多偏離價值。因為在一個逐漸喪失理性的市場，雖然就個人而言，人人都清楚瘋漲的價格已經背離了其價值，泡沫遲早是要破的，但大家都認為自己不會是最後那個「傻子」，不管是賺到的，沒賺到的，賺少的，賺多的，都覺得自己還應該還能在這塊大蛋糕上多分一份。

　　市場就在這種非理性中走向崩潰，最後受到波及的，還是普通老百姓，尤其是沒有來得及退出的「最後的傻瓜」。

03 神奇的賣馬交易

♖

我們不需要過多考慮經濟學的理論問題，只需要關注我們身邊的經濟現象。

路易斯安那州有兩位農夫，他們的名字分別為皮埃與沙頌。有一天，皮埃來到沙頌的農場，並讚美沙頌的馬說：「這真是一匹漂亮的馬，我一定要買下牠。」

沙頌回答道：「皮埃，我不能賣牠，我已經擁有這匹馬很多年了，而且我很喜歡牠。」

「我願意付出 10 塊錢的代價買下牠！」皮埃說道。

沙頌說：「好吧，我同意。」

於是他們簽下一紙合約。大約一個星期之後，沙頌來到皮埃的農場對他說：「皮埃，我一定要拿回我的馬，我實在太想念牠了。」

皮埃說道：「可是我不能這麼做，因為我已經花了 5 塊錢買了一部拖車。」

「我願意付 20 塊錢買下這匹馬和拖車。」沙頌說。皮埃默默地盤算著：15 塊的投資在一個星期賺了 5 塊，折合年收益率超過 1700％！所以，他說：「就這麼辦。」

於是，皮埃與沙頌不斷地交易這匹馬、拖車與其他的附屬配件。最後，他們終於沒有足夠的現金來交易。所以，他們便去找當地的銀行。銀行家首先查明他們的信用狀況，以及這匹馬的價格演變歷史，於是放款給他們兩個人，而馬匹的價格在每輪的交易中也就不斷地上漲。

每當完成一次交易，銀行家可以回收全部的放款與利息，而皮埃與沙頌的現金流量也呈幾何級數地增加。

這種情況持續進行，直到數年以後，皮埃以 1500 美元的價格買下馬匹。然後，有一個東部佬（哈佛大學的 MBA 商學碩士）聽說這匹神奇的馬，並（根據統計歷史價格）做了一些精密的計算，而來到路易斯安那州，以 2700 美元的價格向皮埃

買下這匹馬。

　　沙頌聽到這個消息以後非常生氣，他來到皮埃的農場大聲責怪道：「皮埃！你這個笨蛋！你怎麼能以 2700 美元的價格賣掉馬匹呢！我們的生活都靠著這匹馬啊！」

　　開始時皮埃和沙頌手頭現金各 100 美元，馬在沙頌的手中。

　　✔ 第一輪交易，皮埃的 10 美元到了沙頌的手中，馬到了皮埃的手中。

　　皮埃有 90 美元和馬，沙頌有 110 美元。

　　✔ 第二輪交易，沙頌的 15 美元到了皮埃的手中，馬到了沙頌的手中。

　　皮埃有 105 美元，沙頌有 95 美元和馬。

　　✔ 第三輪交易，皮埃的 20 美元到了沙頌的手中，馬到了皮埃的手中。

　　皮埃有 85 美元和馬，沙頌有 115 美元。

　　✔ 第四輪交易，沙頌的 30 美元到了皮埃的手中，馬到了沙頌的手中。

　　皮埃有 115 美元，沙頌有 85 美元和馬。

　　✔ 第五輪交易，皮埃的 50 美元到了沙頌的手中，馬到了皮埃的手中。

　　皮埃有 65 美元和馬，沙頌有 135 美元。

　✔ 第六輪交易，沙頌的 70 美元到了皮埃的手中，馬到了沙頌的手中。

　　皮埃有 135 美元，沙頌有 65 美元和馬。

　✔ 第七輪交易，皮埃的 100 美元到了沙頌的手中，馬到了皮埃的手中。

　　皮埃有 35 美元和馬，沙頌有 165 美元。

　✔ 第八輪交易，沙頌的 150 美元到了皮埃的手中，馬到了沙頌的手中。

　　皮埃有 185 美元，沙頌有 15 美元和馬。

　✔ 第九輪交易，馬的價格漲到了 200 美元，皮埃的 185 美元不夠了。

　　於是尋求貸款。雙方各貸款 100 美元以買馬，皮埃的現金增加為 285 美元。沙頌則增加為 115 美元。

　✔ 第九輪交易，皮埃付出 200 美元買下馬，沙頌擁有 315 美元，皮埃擁有 85 美元和馬。

　✔ 第十輪交易，沙頌付出 250 美元買下馬，皮埃擁有 335 美元，並清還貸款和利息 105 美元，剩下 230 美元現金，而沙頌則擁有 65 美元和馬。

......

於是交易可以不斷的進行下去，直到馬沒有了為止。奇怪的是，當第十輪交易時，皮埃還掉銀行的錢時，他擁有的錢是230美元，比他們兩人當初的本金加在一起還要多，很明顯是擁有了另一方的貸款。

但是如果對方繼續貸款進行交易，那麼兩個人的錢就會越滾越多，同時銀行不斷可以從中獲利，他們將成為銀行的優質客戶，於是銀行將不斷放大貸款規模。

在經濟學中，這個故事的含義是：人們試圖透過信用擴張降低利率時，便造成繁榮與衰退的循環。根據凱恩斯學派的說法，生產的驅動力量（換言之，人類經濟成就的驅動力量）是總需求——消費的欲望，這是以可支配所得的金額來衡量。

凱恩斯認為，政府僅需要謹慎地提高每個人的貨幣所得，便可以刺激總需求。這種情況下，企業界會提高生產，消費者會增加支出，而國家的財富（以GDP來衡量）便會累積。

這個故事可以告訴我們的是：正是由於雙方的不斷買賣，讓馬的價格可以一路上漲，彼此都可以不斷從中獲益。這是由於透過各種管道進入其中交易的貨幣不斷增加而造成的。

由此，你想到了什麼？對，就是股市。由於每次交易都能

有優厚的回報，刺激了越來越多的人願意投錢進去炒股票。這樣下去有可能產生一種良性循環，因為隨著參加交易的人不斷獲利，消費也大幅擴大，將刺激經濟繁榮，而經濟繁榮又反過來推高股市，進而使股價一路上升。

但是不要忘記了剛才我們說過的那句話：「人們試圖透過信用擴張降低利率時，便造成繁榮與衰退的循環。」是繁榮和衰退的不斷循環。上面故事裡，由於有人最終高價買走了馬，結束了這次交易，所以最終交易雙方和銀行都得到了盈利，但是如果馬在交易中死了會怎麼樣？一切的交易會終止，最後擁有馬的一方必然在交易中出現巨額的虧損，而虧損肯定是由銀行來承擔。

股市中也一樣，當股票價格不斷在交易中被拉高，終究會有一天由於價格完全脫離價值，或者企業本身的問題而崩盤，即使沒有以上問題，但貨幣供應是有限的，最後隨著股價不斷提高而難以為繼的。到時候由於交易中的資金量已經越滾越大，崩盤中引起的虧損也是不可想像的，而且首先虧到的是散戶，他們最晚察覺到崩盤。其次是股票型的基金，結果虧的還是散戶的錢。

「投資要用大腦，而不用腺體。」是巴菲特的名言。大腦

博傻理論，做聰明的投資者

要做的是判斷企業經營前景和大眾心理趨向，而腺體只會讓人按照本能去做事。巴菲特也不是百分百地拒絕市場炒作，只不過在沒有找到更好的鞋之前，絕不會脫去腳上現有的鞋。所以說，對於博傻現象，完全放棄並非是最合理的理性，在自己可以掌控的水準上，適當保持一定程度的理性博傻，可以作為非理性市場中的一種投資策略。

從大眾心理角度分析股市，博傻理論已經廣為人知。股票市場上的一些投資者根本就不在乎股票的理論價格和內在價值，他們購入股票的原因，只是因為他們相信將來會有更傻的人會以更高的價格從他們手中接過燙手山芋。

支持博傻的基礎，是投資大眾對未來判斷的不一致和判斷的不同步。對於任何部分或總體消息，總有人過於樂觀估計，也總有人趨向悲觀，有人過早採取行動，而也有人行動遲緩，這些判斷的差異導致整體行為出現差異，並激發市場自身的激勵系統，導致博傻現象的出現。

對於博傻行為，也可以分成兩種，一類是感性博傻，一類是理性博傻。前者，在行動時並不知道自己已經進入一場博傻遊戲，也不清楚遊戲的規則和必然結局；而後者，則清楚地知道博傻及相關規則，只是相信當前狀況下還有更多更傻的投資

者即將介入，因此才投入少量資金賭一把。

　　理性博傻能夠盈利的前提是，有更多的傻子來接棒，這就是對大眾心理的判斷。當投資大眾普遍感覺到當前價位已經偏高，需要撤離觀望時，市場的真正高點也就真的來了。

　　要博傻，不是最傻，這話說起來簡單，但做起來不容易，因為到底還有沒有更多更傻的人是並不容易判斷的。一不留神，理性博傻者就容易成為最傻者，誰要他加入了傻瓜的候選隊伍呢？所以，要參與博傻，必須對市場的大眾心理有比較充分的研究和分析，並控制好自己的心理狀態。

04
投資、投機與博傻

♖

資本市場上，永遠不會沒有投機行為，永遠都會有最大的笨蛋。

　　博傻理論本身就是經濟學家凱恩斯在其投機行為中總結出來的，所以博傻與投機的關係密不可分。所以有些人，常常把投機與博傻混為一談。其實，投機與博傻完全有著質的區別，完全是兩種不同的交易水準，可以說一種代表著交易技巧的高超，而另一種則代表著交易技巧的拙劣。

　　投機，這個名詞好像一直是個貶義詞，在基金的理財觀念中，投資這個名詞被用得最多，但是，市場周轉率最大的機構投資者中，恰恰有一向標榜理性投資的基金。

投機資金，必定是市場最為敏銳的資金，這類資金介入市場熱點及時，有些甚至是發動醞釀一個熱點的幕後推手。而且這類資金基本上不戀戰，能夠迅速兌現籌碼，對止損也控制得相當好。而博傻資金，通常是市場最為後知後覺的資金，在熱點出現和熱點爆發期時，往往是觀望觀望再觀望不敢出手，當熱點行將結束時，終於忍耐不住勇敢殺入，接了最後一棒，這就是笨蛋的博傻。

投資時間越長的老手，越會遠離博傻。要套住一個新股民，非常容易。然而要套住一個老股民，特別是經過真正大小「多空戰役」上百次的老股民，那真是難如登天。投機資金，賺的也就是不斷新入市的新手們的錢。

在大多數人都遠離市場的時候，這時候留在市場中的，都是真正的股市精銳，大家都削尖腦袋賺別人的錢，可是卻沒有贏家。為什麼？因為沒有人博傻！

所以千萬別把博傻看做是投機。沒有市場經驗的人，除了運氣之外，還不具備投機的水準。而博傻後，是否能夠及時止損更為關鍵，股市交易，認識錯誤並及時改正錯誤非常重要。

對於我們大多數普通人來說，我們要投資理財。投機和博傻，不是不可以，只是只有足夠聰明的人才能夠全身而退。首

先，你是否清楚這三者的區別？

從理論上，做投資是最安全的，風險也最小。投機呢？風險相對較大，但是要控制風險，也就把不可預計的風險控制在自己可以承受範圍內。博傻呢？也就不知道自己在做什麼。

投資就意味著你必須有很高的宏觀和微觀分析，投資是最輕鬆的，但是也是最難做到的。投資者還要懂很多東西，必須是比較理性的。事實上，真正的投資者很少。

簡單點，可以這麼說：投資是一樣東西值1元錢，我要在0.7元買入，等到高估時候，也就是在2元賣出。投機呢，只要這東西會漲到4元，我不管他值1元還是2元，我2.5元都會買進，只要會漲到4元。

博傻呢？博傻就是不知道這個東西值多少錢，也不知道自己買入獲利多少可以賣出，漲了還想漲，跌了也不知道具體價值，等到跌到忍無可忍時候割肉出局。或者說，博傻者是冒損失30%風險去獲得10%的利潤。

當價值投資的陣營從100%降到30%的過程，就是價值投資到價格投機的過程。博傻只是價格投機的延續或瘋狂。當價值投資的陣營從30%降到10%的過程，就是價格投機走向博傻的癲狂。

任何時期都有優秀的企業產生，股票市場總有價值投資的地盤。但是任何時期都有企業破產的可能，大多數企業不能滿足股票市場的欲望。每一個渴望在投資、投機，或者博傻行為中獲利的人都要明白。

博傻當然可以給人帶來財富，在各個領域都不乏依靠搏傻理論投機致富的生動例子：

有一個上海人叫姚奇偉，在金銀幣收藏中混跡 10 餘年，收藏既是他的業餘愛好也是他的一種投資手段。剛入收藏界時，他也跟風炒作，虧損很大，後來姚奇偉透過花錢買教訓，漸漸的開始「博傻」，進而獲利頗豐。

1998 年金銀幣市場大縮水，當時的 98 版熊貓金幣受其連累銷量極差，投資者都迴避它。但是姚奇偉隱約覺察到以年銷量為實際發行量的發行方式使其自然成為量少品種，在熊貓系列中產生瓶頸作用，果然一年後，98 版熊貓金幣開始升值。姚奇偉憑著逆向思考，敏銳地發掘了這匹黑馬，攫取了第一桶金。

靠逆向思考去「博傻」，也曾幫姚奇偉避免了一次損失。

2003 年，開光佛指舍利金幣由於大量的宣傳和市場的熱炒氛圍，半個月內就翻了兩番，跟風炒作者很多，姚奇偉也購進了 30 萬元的金幣。但是很快就察覺到該金幣並沒有沉澱，絕大

博傻理論，做聰明的投資者

多數都是炒作籌碼，當中小投資者越來越多地跟進時，姚奇偉果斷地全部賣出。不少同行都對他的動作迷惑不解，說他傻，但姚奇偉堅定信心，自嘲自己就是去「博傻」，兩個月後，開光佛指舍利金幣大幅下跌，姚奇偉最終避免了損失。

當金銀幣市況不太好時，不少投資者又開始大量拋售手中的藏品，但是姚奇偉卻又開始逆向操作了，他吃進不少金銀幣。因為他判斷油價肯定會推動金價上漲，而距金價越近的金幣上漲空間也越大，況且下半年禮品消費趨旺，焉有不升的道理？姚奇偉的這一操作手法，又讓他短線獲利翻倍。

總結自己的收藏歷程，姚奇偉感嘆地說：「這年頭誰都不傻，敢於去博傻的人才是真正的贏家！」

但是，你可以看到，他的行為並非是真正的博傻，而是利用博傻理論的投機行為，因為他對自己做的事情瞭解，而非盲目。要想和他一樣在投機中獲益，首先要有敏銳的眼光，理智的頭腦，否則根本難以保證能夠全身而退，一不小心就成了最後的傻瓜。如果沒有足夠的把握，還是謹慎一些。

「股神」巴菲特說：「成功投資的第一條要訣是不要虧錢，第二條是別忘了第一條。」但市場投機炒作之風盛行，很多人早將「股神」的忠告拋到了九霄雲外，看著低價股天天漲停，

誰還管公司虧不虧損、是否有退市風險，只要上衝漲停就敢買進。以賭徒心理妄想博取暴利，最終卻落得虧損的下場。

沒錯，市場很多時候都不能用常理去推測，人心狂熱的時候，什麼理智都會被拋到腦後，單憑理智有很多時候可能會失去時機賺不到錢，但是一旦市場到了大家都去博傻之時卻是行情最危險之時。投資者喪失了理智，只靠衝動與本能做買賣，並且毫無節制、毫無分析地進入市場，甚而透支博傻，一旦市場崩潰，這些博傻的投機者就是第一批被淘汰出局的人，是損失最慘重的市場犧牲品。

市場不會永遠上升，當沉醉於獲利，賺錢越來越多，做著股價日日上升的美夢時，保持一點冷靜理智。要知道，即使有時錯失機會也勝過一次意外而永遠不能翻本之恨。所以大家對一些已經升得毫無節制的股市或者股價飆升的個股，都要保持冷靜和理智。

成功的投資人早已告誡過我們：在股市中，不是比誰賺得快，而是看誰活得久。在股市中，投機氣氛總是或多或少地存在的，相當多的投機者並非理性，有時甚至就是瘋狂賭博。對於業餘投資者而言，這種博傻帶來的利潤不太容易把握，但對於職業投資者而言，應該嘗試著利用這種市場氛圍，投入一定

博傻理論，做聰明的投資者

比例的資金理性博傻。

　　大家都在買股票，買股票到底在賺什麼錢呢？賺的就是最大笨蛋的錢，當你認為某支股票有增長潛力的時候，在合適的價格買入，等到它真正漲起來，再全盤賣出，其中的差價就是你的投機所得。在低潮中買入，在高潮出賣出，才是穩賺不賠的方法。但是要想穩賺不賠是有條件的，你要有本事選擇具有無限潛力的行業，並成功把握住該股票的低價時期，大量買入，長期持有，等待出現最大的笨蛋時賣出。

　　如果你不想成為那個最後的傻子，就要學習博傻理論，結合它去投資投機，但不要隨便跟人去博傻。

05

不要盲目跟風

♜

從眾投資並不意味著一定帶來虧損，但盲目從眾一定會使人失
去方向，無論你是專業投資人士，還是普通的個人投資者。

　　自己不加判斷地跟著別人走，會有兩種結果，分別有兩個
狀況可以說明，一是「羊群效應」，一是「博傻理論」，從下
面來看：

　　有一群羊，當其中的幾隻羊要嘛口渴，要嘛饑餓，要嘛受
外部某種條件刺激（遇到兇猛野獸等）向某個方向（水源、草
源、自認為安全的地方）行進時，另外的大部分羊都會無目的
的和那幾隻羊一起行動（儘管不是所有的羊都口渴、饑餓、受

威脅）。結果有兩個：要嘛牠們得到了水、草、安全，要嘛牠們什麼也沒有得到。

一些聰明的人看到某種物品開始上漲，甚至漲得有些離譜時，估計（其實就是賭，也就是博）還會上漲因而去追高買進，當有了一定的獲利空間後把它拋出，而另一些人膽子更大，在更高的價位接盤，當你為他捏一把汗時，價格真的還向上漲，結果，他也獲利了。

緊接著，膽子更大的人（也就是比前面幾個更傻的人）又衝了上去，等待他的是兩種結果，要嘛他也獲利了（證明他不是最傻的，這樣的話，遊戲還得繼續，必須出現最傻的人），要嘛這個物品在他接手時開始下跌，他成了最大傻瓜。

如果結果是第一種倒還好，大不了是做一回笨蛋，損失時間和精力。但如果結果是第二種可就不太妙了，如果輸了的話會很慘。

許多人想要做投資，但是由於對基金和股票一竅不通，又沒有時間去打理，所以總是抱著想省時、省事還想「撈」一把的心態，看到身邊的人在買什麼，就「跟風」把錢全部投進去。其實我們都知道，看到其他人賺錢，想撈一把就完全照搬別人的作法這種心態，本身就是不正確的。

　　我們都很清楚，看到其他人做生意賺錢，自己如果貿然進入做同樣生意的話最有可能出現什麼樣的結果。做投資，也是同樣的道理，盲目的從眾心態絕對不可取。你必須根據自身的情況制定出適合自己風險偏好的理財計劃。

　　市場定價有一個顛撲不破的規則，它更多地取決於供求關係，以及人們對所購買物品的價值判斷。比如一斤白醋平常價錢為 2 元，2004 年發生「SARS」大家開始哄買的時候，廣東白醋的價錢就上升到 50 元，一旦事件過後，白醋的價錢不僅落回到原來的價錢，有些囤積的商店還降了價。

　　股票市場也毫無例外的一致，供求關係與股價波動的不確定性放大了人們投資的風險，所有的人都期望 1 元買入，50 元賣出，「羊群效應」就在這個價格區間開始上演了。股票從 1 元漲到 10 元，人們也許憂慮遲疑，一旦漲到 20 元，大家開始瘋狂地進入，直到股價飆升到 50 元。2001 年網路泡沫的破滅，人們清醒地看到：在狂熱的市場氣氛下，獲利的是領頭羊，多數狂熱的追隨者都是犧牲者，因為後來的追隨者絕大多數都不知道股票的真實價值。

　　從眾投資的風險同樣也來自業內分析師的推薦，我們有時候也注意到一支很有價值的股票被發現的時候，市場並不給它

充分的價格，這個時候只有一、兩位分析師推薦，股價也並不會大幅上漲，一旦越來越多的分析師認識到它的價值並開始推薦的時候，股價開始大幅上升了，並在一定階段開始飆升，這個時候所有的分析師開始推薦了，所有的投資者開始關注這個股票，在這個時候投資這些股票，我們通常發現它的超額收益其實比較有限。這就是市場的定價，所有的人都開始關注與投資的股票，就很難從市場的供求關係中獲得超額收益。

當然，並非所有的上漲股票我們都不可以投資，也並非我們不可以從眾投資，問題是我們要投資我們所熟悉的股票，我們所要知道的是我們所要投資股票的價值低線。巴菲特一直強調，投資自己熟悉的股票，不要追逐市場的熱點。事實上，巴菲特也留了一手，他自己熟悉紡織行業，但他卻很少介入。

股市瘋狂上漲，人們都知道賺錢的機會來了，但是我們需要清醒地認識到，股市有著自身的制度缺陷，並非投資任何股票都能夠給自己賺錢。在眼花繚亂的股票上漲中，我們需要更多的是關注我們所投資股票的品質。

「羊群效應」曾經在股市中釀過千萬悲劇，但是這種悲劇在市場中永遠不會結束。在任何市場條件下，無論我們投資的是熱點還不是熱點，我們需要清醒的是：不做盲目的從眾投資。

不僅僅是投資理財需要如此。做任何事情，都要有自己的立場，不要盲目從眾。

有一個笑話十分有趣，說的是一位石油大亨到天堂去參加會議。他興沖沖跑進會議室，卻發現會場座無虛席，早已沒有了自己的座位。於是，他靈機一動，喊了一句「你們聽說了嗎？剛才他們在地獄裡發現石油了！」

此話一出，天堂裡的石油大亨們生怕落後一步被別人奪走了利潤，於是紛紛向地獄跑去。人們蜂擁而出，頓時天堂裡就空了下來，石油大亨正想找個椅子坐下來歇歇，忽然聽到外面的人在議論地獄裡的石油多麼豐富、開採成本多麼小等等，這位大亨心裡納悶，莫非地獄裡真的發現石油了？於是他也急匆匆地往地獄跑去，天堂裡又空無一人了。

人們都有從眾心理，形成了周圍的人都在做的事情，就應該效仿的觀念。在這種觀念的驅使下，很多時候，還沒有理清頭緒，還沒有搞清楚事情的真假對錯，就盲目跟風，隨波逐流，這樣的後果往往就是賺不到便宜，甚至會釀成悲劇，更會成為別人的笑柄。

從眾心理，給人帶來的損失是不可小視的，我們不應該成為從眾的犧牲品。人要想克服這種從眾心理，必須要培養自己

的主見，對任何事情都要有自己的觀點，即使你的觀點得不到任何人的支持，也不要輕易否定自己。做事情時，要多動腦子，不要讓別人的言行影響了你的決定。

王先生說起他去某著名旅遊景點旅遊的感受，忍不住地嘆息和咒罵，原來，正是從眾的心理讓他們吃了虧。

前段時間，朋友到內地旅遊，一路上，他們聽導遊單方面的解說，不斷地歪曲事實，不斷地欺騙他們。導遊先是在車上說前方某地有明星在演出，門票150元一張，導遊說由於觀看的人多，不好入場，自己有熟人，替他們說個情，每人收他們120元，到了演出地點一看，原來是露天演出，30元一張票，誰都可以看。

後來，他們要吃飯，導遊聽到了，告訴他們說，前方不遠處有個很有名的餐館，既經濟又實惠，他們又信了，驅車前往，餓著肚子走了近一個小時，到了那裡一看，卻是名不符實，不僅衛生條件不好，飯菜的品質不高，價錢也貴得驚人，但不吃的話，附近實在也沒有餐館了。要往回折返，又實在是餓到不行了，沒辦法，又被騙了一回。就這樣，一路上被騙了七、八次，原本是一場愉快的旅行，卻讓人像吃了蒼蠅般難受。

問朋友，你們就沒想過不聽導遊的嗎？你自己怎麼不做出

判斷呢？他說，一大群人，人家都同意，我一個人怎麼能不同意呢？又問，其他人後來後悔嗎？他說也都很後悔，都後悔聽了導遊單方面的介紹，自己沒做出判斷。

　　生活中有很多人是這樣的，為了面子，為了不使自己遭遇麻煩，往往喜歡跟在大家的後面走，有時明明知道大家的選擇是錯誤的，也不願意走自己認為正確的路子，以至於硬著頭皮去走自己根本不願意走的路。

　　盲目從眾的心理，是人生的大忌。凡事多考慮一下，不要盲從，不要隨聲附和眾人，讓自己正確的決定去支配自己的行動，才能一路輕鬆，一路愉快，一生不後悔。

06

貪心讓人成笨蛋

♜

當貪念開始升起時，別忘了提醒自己，貪念會把你帶到懸崖。

　　有一個關於財富的神話，告誡人們如何對待財富。在遙遠的古代，就在米達斯國，國王覺得變得更有錢才能讓自己快樂，於是和神商量讓自己擁有神奇的力量。神答應了他，讓他自己的手指頭無論碰到什麼東西，那東西立即就變成黃金。

　　在擁有了「金手指」後，國王的快樂並沒有持續多久。他痛苦地發現，自己既不能吃，也不能喝，美味在他嘴裡變成了黃金，最糟糕的是他親吻自己的女兒時，最愛的女兒也變成了黃金。國王這才意識到真正讓自己快樂的並非是金錢，神接受

了他的懺悔，恢復了他平靜而幸福的生活。

　　這個故事告訴，我們的索取要有一定的限度，如果過分追求金錢就會失去自己原有的樂趣，在金錢的追求上要適可而止。

　　德國劇作家、文藝理論家萊辛曾經寫過一個《倉鼠和螞蟻》的故事：

　　「可憐的螞蟻們，」一隻倉鼠說，「為了屯積這麼一點糧食，你們千辛萬苦地勞作，忙碌了整整一個夏天，這值得嗎？真該讓你們看看我的儲備糧！」

　　「聽著，」一隻螞蟻回答道，「就因為你儲藏的糧食比你所需要的多得多，所以人類才要把你從泥土裡挖出來，把你的糧倉掏空，讓你用性命來替你那貪婪的強盜行為贖罪：他們這樣做太合理了！」

　　一個貪心的人到一個國家找到國王，說想要一塊地。國王說：「只要你能在太陽下山之前走回來，從這兒到那個標記之間的地就都是你的了。」結果太陽下山了，那個人卻沒有走回來，因為走得太遠，他累死在路上了。

　　一字言之，皆因為「貪」。如果給你過於沉重的黃金，你也拿不走；給你過輕，你覺得太少，還想多要；這就是人的本性。本性有它的自然規律，但本性一旦違反了神靈賦予的自然規律，

會受到懲罰的。

在人生的旅途中，每過一個時期，或每走一段路程，我們不妨回頭看看身後的腳印，停下來冷靜地思考，千萬不要被遠處的海市蜃樓所迷惑或在眼前的燈紅酒綠中迷失了本性、迷失了自我。要時常問問自己：在太陽下山前，我還能走回來嗎？

現實中，那些成為最後笨蛋的人，除了習慣於盲目跟風以外，往往還是貪婪的人。在博弈中，他們為了獲得利益的最大化，而期待著另一個最後笨蛋的出現，結果不小心自己成為了那個笨蛋。對財富的貪婪，是人性中抹不掉的一面，同時也是陷入危機的根源。

在澳大利亞，有一片草原，那裡的草長得特別肥美，所以那裡的羊群發展得特別快，而每當羊群發展到一定的限度，就會出現一種非常奇怪的現象：走在前面的羊群總能夠吃到草，而走在後面的總是只能吃剩下的，於是後面的羊群在前面羊群吃草的時候，就會拼命地跑到隊伍的前面。

就這樣，羊群為了爭奪食物，都不願意落在後面，這樣草原上就形成了一個非常壯觀的場面，羊群都朝著一個方向不停地奔跑。草原的盡頭有一片懸崖，羊群跑到懸崖邊緣也全然不去理會，於是整群的羊就往懸崖下跳……

　　一開始，羊們只是為了貪吃一點青草，但為了爭奪這一點青草，最後卻因貪「吃」了自己。

　　在北極圈裡，北極熊幾乎沒有天敵，然而，愛斯基摩人卻能輕易地把牠們捕獲。

　　原來，北極熊有一個嗜血如命的特性，愛斯基摩人正是利用了牠們的這個嗜好。他們把動物的血凍結成冰，中間藏進一把雙刃匕首，然後把這種精心製作的冰塊扔在雪原上。當北極熊聞到血冰塊的氣味時，就會迅速趕到，並開始貪婪地舔著血冰塊。

　　舔著舔著，北極熊的舌頭漸漸麻痺，刀刃劃破了牠的舌頭，鮮血一個勁地湧出來，隨著不斷地舔下去，刀口越劃越深，鮮血越湧越多，最後北極熊因失血過多，休克暈厥過去，因此輕易地落入了愛斯基摩人的手心。

　　當心，那些可以將你餵飽的，也可以將你餵死啊。

　　在內蒙古草原上，有一種鼬鼠。鼬鼠整天忙忙碌碌，不停地尋找著食物，然後把吃不完的食物儲存到洞穴裡。據統計，鼬鼠一生要儲存二十多個「糧倉」，足夠十幾隻鼬鼠畢生享用。然而，你們知道鼬鼠最後是怎麼死的嗎？牠們最後都是餓死的！

博傻理論，做聰明的投資者

　　餓死的，這怎麼可能呢？擁有眾多「糧倉」的鼬鼠，按說應該「豐衣足食」地安享晚年才是呀，怎麼可能餓死呢？

　　原來，鼬鼠晚年走不動的時候，就會躲進自己的「糧倉」裡，但牠們必須經常啃咬硬物磨短兩顆門牙，否則就會因門牙無限生長而無法進食。但牠們早先在「糧倉」裡並沒有儲存硬物，結果因沒有硬物磨牙致使門牙不斷生長，太長的門牙讓鼬鼠無法進食，最後餓死在糧堆上。

　　也許你會感嘆：這鼬鼠也太愚蠢了！為什麼當初在儲存糧食的同時不儲存一點石子等硬物呢？鼬鼠是一種很有靈性的動物，從牠儲存糧食這一點上就可以看出來。鼬鼠不是因愚蠢而餓死，而是餓死在自己的貪欲上。貪欲使牠只看到糧食，而看不見石子，看不見糧食以外的任何東西，牠陷入貪欲的陷阱裡，看不見隱患，看不見潛在的危機，看不見明天與未來，是貪欲葬送了牠。

　　聰明的人，有時卻犯著鼬鼠一樣的錯誤！有一位老人，退休後閒暇無事，總想著如何發大財，看到一些人買彩券中了大獎，他便躍躍欲試。如果是碰碰運氣倒也罷了，而他卻把全部積蓄拿出來每期必買，以為投入越多，中獎的機率就越大，有人勸他不要冒這樣的風險，他哪聽得進去，依然全心的投入彩

券。每期開獎前他都忐忑不安，精神高度緊張，得知自己未中獎便陷入煩惱和焦慮之中。

這樣幾年下來，二十多萬元的投資全部像丟到了水裡，老婆孩子都埋怨他財迷心竅，他的情緒壞到了極點，甚至連跳河上吊的念頭都有。多虧大家相勸，錢財都是身外之物，生不帶來死不帶去，況且每月還有退休金，生活不會有大問題，這樣他的情緒才慢慢穩定下來。這位老人的教訓就在於「不知足」，貪財欲望過高。

在股票市場裡，每個人都很清楚貪婪和恐懼很難賺錢，因為貪婪而利潤回吐，因為恐懼而買不到便宜的籌碼，都無法操作得當，輕鬆獲利。而往往隨緣，以平常心來對待，既不會對上漲貪得無厭，也不會對下跌恐懼害怕。人棄我取，人要我予，這樣的投資者通常可以獲得豐厚的收益。

但是目前國內投資者大致有兩個特點，用四個字概括正是「貪婪」和「恐懼」。有的人買了股票，當收益達到10%的時候，他抓著不賣，想再賺一些，等到收益20%的時候，他還是抓著不賣，然後一場震盪來臨，不但收益全部吐了回去，連本金都損失了。

大家必須要明白的道理是，在理財時，一定要有一個合理

的預期，莫把理財當成發財。理財的兩大「公理」，首先是量體裁衣，根據自己的資金特點和風險承受度來選擇金融理財產品；其次，永遠不要把所有的雞蛋放在一個籃子裡。

資本市場中人們不能太貪心。貪婪是搏傻的大忌。在投資的時候，一定要保持理智的頭腦，不要覺得一個產品穩賺不賠，就全部投入，這樣會讓你承擔的風險變得很大，已經超出了你能承擔的能力。不要被一時的利益沖昏了頭腦，為了獲得再多一點的利益，你很有可能錯過了最好的賣出時機。

如果不想成為最大的笨蛋，一定記得投資要量力而行，不要貪婪，在市場上賺你應賺的錢。

別做最後一個傻子

博奕高手

養成手冊

第二章
智豬博弈，行動之前動動腦筋

生活中，很多時候，並不是埋頭苦幹就可以的，你必須動腦筋思考一下付出與得到之間的比例，尋求得失平衡。

任何位置都有那個位置該有的對策。在智豬博弈中，如果你辛苦勞動，反而得不到更多好處。當然現實中並不總是這樣。你必須認清自己的力量和位置，正確地運用策略，讓自己成為一個睿智的人，才能讓生活更加精彩。

07
小豬不勞動更好

不管你是大豬，還是小豬，不妨搭個便車，以便達到事半功倍的效果。

博弈課程裡面有一個著名的理論叫做「智豬博弈」。這個理論是這樣的：

假設豬圈裡有一頭大豬、一頭小豬。豬圈的一頭有豬食槽，另一頭安裝著控制豬食供應的按鈕，按一下按鈕會有一定單位的豬食進槽，兩頭隔得很遠。假設兩頭豬都是理性的豬，也就是說牠們都有著認知和實現自身利益的豬。再假設豬每次按動按鈕都會有 10 個單位的飼料進入豬槽，但是並不是白白得到飼

料的，豬在按按鈕以及跑到食槽要付出的勞動會消耗相當於 2 個單位飼料的能量。

還有就是當一頭豬按了按鈕之後再跑回食槽的時候吃到的東西比另一頭豬要少。也就是說，按按鈕的豬不但要消耗 2 單位飼料的能量，還比等待的那頭豬吃得少。

再來看具體的情況，如果大豬去按按鈕，小豬等待，大豬能吃到 6 份飼料，小豬 4 份，那麼大豬消耗掉 2 份，最後大豬和小豬的收益為 4：4。

如果小豬去按按鈕，大豬等待，大豬能吃到 9 份飼料，小豬 1 份，那麼小豬消耗掉 2 份，最後大豬和小豬的收益為 9：-1。若兩頭豬同時跑向按鈕，那麼大豬可以吃到 7 份飼料，而小豬可以吃到 3 份飼料，最後大豬和小豬的收益為 5：1。最後一種情況就是兩頭豬都不動，那牠們當然都吃不到東西，兩頭豬的收益就為 0。

我們可以看到，當採用大豬按按鈕，小豬等待的策略時，這個時候，大豬和小豬的淨收益都是 4 個單位的飼料。而且我們還可以看到的一個奇怪現象就是，如果小豬主動勞動，那麼小豬的收益居然是 -1，對於小豬來說，這比都躺在那兒還要吃虧，當然小豬是不會幹的。

　　那麼就是說，如果是小豬按動按鈕，則大豬會在小豬到達食槽前把食物全部吃光，如果是大豬按動按鈕，則大豬到達食槽時只能和小豬搶食剩下的一些殘渣。既然小豬勞動不得食，則小豬不會主動按鈕，而大豬為了生存，儘管只能吃到一部分，還是會選擇勞動（按鈕）。那麼，在兩頭豬都有智慧的前提下，最終結果是小豬選擇等待，只要搭順風車就可以了。

　　對於大豬來說，小豬有了這個選擇，那麼大豬就只有兩種結果了，要嘛也不動，那麼兩頭豬就等死了，要是自己去按按鈕的話還有 4 份飼料可以吃。所以，對大豬來說，等待是一種劣勢的策略。

　　我們已經說過了，假設了大豬和小豬都是理性的智豬，那麼當大豬知道小豬不會主動去按按鈕的時候，牠親自去動手總比不動要強，因此他會為了自己的利益而主動地奔走於按鈕和食槽之間。

　　也就是說，不管大豬採取什麼樣的策略，對於小豬來說，勞動都是一個劣勢策略，因此最開始就可以除掉這種可能。在剔除了小豬按按鈕的這種方案以後，大豬就只有兩種方案可供選擇。

　　在這兩種策略裡面，等待是一種絕對的劣勢策略，所以也

被剔除掉。所以在剩下的策略裡面就只剩下小豬等待、大豬按按鈕這個可以供選擇的策略了，這就是智豬博弈的最後均衡。

結論就是：對於小豬來說，如果不仔細思考就開始勞動的話，會得不到任何好處。所以，有時候慢一點反倒是好的。

有點不可思議的一個結論是嗎？事實就是這樣，再來看一個故事，是關於龜兔賽跑的，但不是你熟知的那個版本：

故事中的烏龜和兔子在森林裡面比賽，規則是到達目的地，拿到比賽規定的東西就算贏了。但是規則中還有一個就是規定了兩條相反的路線，隨便憑自己的感覺來挑選一條，而且錯誤的那條路上有一條河，先到達河的會掉下去，就算輸了。只要知道一個贏了或者是輸了就不用比賽了。這個時候我們來看看烏龜究竟要不要拼盡全力去和兔子賽跑呢？

比賽規則知道了，那麼兔子和烏龜就要開始思考了，他們的策略有哪些呢？一共就有四種選擇，我們假設兩個方向為A、B。

1. 兔子和烏龜可以同時選擇 A 方向；
2. 兔子和烏龜可以同時選擇 B 方向；
3. 兔子選擇 A 方向，烏龜選擇 B 方向；
4. 兔子選擇 B 方向，烏龜選擇 A 方向。

　　我們可以來看，兔子的速度肯定是比烏龜快的，這個不容置疑，還有就是這不是龜兔賽跑的故事，兔子是不會中途睡覺的，那麼分析一下這幾種方案。

　　如果假設 A 方向為正確方向，那麼第一種方案烏龜是輸定了，所以對烏龜來說這個方案是絕對的劣勢，不管烏龜的速度怎麼樣，他都輸了。

　　對第二種方案來說，烏龜會贏，因為兔子跑得快，那麼兔子就會首先到達河邊，這個時候兔子就輸了，烏龜不管多慢都贏了。

　　還有就是如果烏龜選擇了錯誤的方向，而兔子選擇了正確的方向，那麼烏龜沒有勝算了，這個時候只要等到兔子勝利了，烏龜就不用比賽了。

　　如果烏龜選擇了正確的方向，兔子選擇了錯誤的方向，兔子就會很快地達到河邊，當兔子掉下去之後兔子就輸了。那不管烏龜的速度怎麼樣，烏龜都贏了。

　　我們來看剛才的四種方案，可以看到一種奇怪的理論，就是不管怎麼樣，烏龜都只要慢慢地爬行就可以了，對牠來說速度再快也趕不上兔子，勝負只在選擇的方向上，但是事先又不知道哪個方向的正確性，所以烏龜還是慢慢地爬最好了。總有

兔子會在前面給自己探方向的。

而兔子知道烏龜的這種想法之後怎麼辦呢，牠沒有選擇，牠要為自己的利益著想，牠就只能為自己的勝負而快速奔跑。

這個故事和智豬博弈的結論異曲同工。小豬只需要舒舒服服躺著等待就行，烏龜只需要慢慢爬就可以。這個博弈理論挑戰了我們的某些觀念，也許你看這個結論的時候覺得不太能接受，但想想看，日常生活中從來都不乏這樣的事情。而且，現實中的那些「小豬」還不如故事中的「小豬」。

故事中的「小豬」之所以躺著不動是因為權衡利弊之後發現，它勞動的結果比不勞動更糟糕，而現實中的「小豬」不幹活就沒這麼單純而理性了。

比如，在我們的公司中，往往什麼都缺，就是不缺人，所以每次不論多大的事情，加班的人總是越多越好。

本來一個人就可以做完的事，總是會安排若干個人去做。這時，「三個和尚」的現象就出現了。如果大家都耗在那裡，誰也不動，結果是工作做不完，挨老闆罵。這些常年在一起工作多年的戰友們，對於對方的行事規則都瞭若指掌。「大豬」知道「小豬」一直是過著不勞而獲的生活，而「小豬」也知道「大豬」總是礙於面子或責任心使然，不會坐而待斃。

　　因此，其結果就是總會有一些「大豬們」過意不去，主動去完成任務。而「小豬們」則在一邊逍遙自在，反正任務完成後，獎金一樣拿。

　　如果我們是那個辛辛苦苦工作的「大豬」，肯定會心理不平衡，積極地去做事不能得到很多的好處，相反如果慢一點或者不幹活卻得到了好處。事實如果真的如此，你就需要運用智慧了。

　　許多人並未讀過「智豬博弈」的故事，但是卻在自覺地使用小豬的策略。股市上等待莊家抬轎的散戶；等待產業市場中出現具有盈利能力新產品、繼而大舉仿製牟取暴利；公司裡不創造效益但分享成果的人，等等。因此，對於制訂各種經濟管理的遊戲規則的人，必須深諳「智豬博弈」指標，可以適度改變些遊戲規則。而參與其中的每個人，也要好好思考。

08
你是大豬還是小豬

**生活周圍總會充滿了各式各樣的大豬、小豬，心裡盤算著如何
讓自己獲取最大的收益。**

在「智豬博弈」中，小豬將安安心心地等在食槽邊，而大
豬則不知疲倦地奔忙於按鈕和食槽之間。辦公室裡也會出現這
樣的場景，有人做「小豬」，舒舒服服地躲起來偷懶；有人做「大
豬」，疲於奔命，吃力不討好。但不管怎麼樣，「小豬」們認
定一件事：大家是一個團隊，就是有責罰，也是落在團隊身上，
所以總會有「大豬」悲壯地跳出來完成任務。想一想，你在辦
公室裡扮演的角色，是「大豬」，還是「小豬」？

　　我們來看看兩個職場人士的故事，你也判斷一下自己在辦公室中的角色：

　　阿琪下班回家，第一件事就是拿起電話，向周遭的好朋友大吐苦水：「我要發瘋了！所有的工作都讓我一個人做，當我是機器人嗎？」

　　阿琪所在的發展部是全公司最核心的部門，每天大小事不斷，連個喘氣的時間都沒有。但公司規模小，這麼重要的部門，只配備了區區三個人。說來好笑，這三個人還分為三個級別：部門經理、副理、助理。很不幸，阿琪就是那個副理，不上不下，正好中間。

　　「經理的任務就是發號施令，他是「管理階層」嘛！上面交給他的工作，他統統一句話打發：「阿琪，把這件事辦一辦！」可是我接到工作之後，卻不能對下屬韻如也瀟灑地來一句：「韻如，把這件事辦一辦！」一來，韻如比我年長，又是經理的「老兵」；二來，她能力有限，怎麼放心把事情交給她？」阿琪只能無奈地嘆息，然後把自己當三個人用，加班完成上級的任務。

　　令她沒想到的是，由於事事都是她出面，其他部門的同事漸漸認定了只要找發展部辦事，就找阿琪！甚至老總都不再向經理派任務了，往往直接就把檔案扔到阿琪的桌子上。阿琪的

桌上檔案越堆越高，而且，連韻如都敢給她分派工作了。

這天，韻如把一疊發票放在她面前說：「妳幫我去財務部報一下。」阿琪頓時被噎得說不出話來，過了半天才問：「妳自己為什麼不去？」韻如囁嚅了一下答：「我和財務不熟，妳去比較好！」儘管心中怒火萬丈，但礙於同事情面，阿琪最終還是走了這一趟。

於是形成這樣的局面，阿琪一上班就像陀螺一樣轉個不停；經理則躲在自己的辦公室裡打電話，美其名說是「聯繫客戶」；而韻如呢，打打電動遊戲，順便上網跟老公談情說愛，好不逍遙。到了年終，由於部門業績出色，上級獎勵了 40 萬元，經理獨得 20 萬元，阿琪和韻如各得 10 萬元。

想想自己辛勞整年，卻和不勞而獲的人所得一樣，阿琪禁不住滿心不平，但是又能如何呢？如果她也不做事了，不僅連這 10 萬元也得不到，說不定還要找新工作，想來想去，只能繼續當「大豬」吧！

與阿琪相比，阿偉是個聰明人，這是他為自己下的評語：「從大學開始，我就不是最引人注目的學生。在學生會裡，我從不出風頭，只是幫最能幹的同學做些輔助性的工作。如果工作做得好，受表揚少不了我；如果工作搞砸了，對不起，跟我

一點也不相十。」

　　現在阿偉工作 3 年了，照樣奉行著這樣的處世哲學。「我就納悶，怎麼會有那麼多人下了班總嚷著自己好累？要是又累又沒有加薪升職，那只能說明自己笨！我從小職員當上經理，一直輕輕鬆鬆的，反正硬骨頭自有人啃。」

　　「你這樣，同事不會有意見嗎？」記者問。

　　阿偉眨眨眼睛，一臉神祕地說：「這就是祕訣了！第一，平時要善於感情投資，跟同事搞好關係，讓他們覺得跟你是哥兒們，關鍵時刻出於義氣幫助你；第二，立場要堅定，堅決不做事，什麼事都讓別人做。有些人就是愛表現，那就給他們表現的機會，反正出了事，先死的是他們。萬一碰上也不愛表現的人，對我看不慣，我會告訴他，我不是不想做，我是做不來呀！你想開除我？對不起，我的朋友多，他們都會為我說話。」

　　而且他還拉出別人的例子證明：「我算什麼？比我更厲害的我都見過！以前公司裡一個美眉，人緣挺好，就是做事情一塌糊塗。可是每次做案子，她都能有驚無險地過關，為什麼？因為每次等她急得珠淚雙垂，總有憐香惜玉的男子漢挺身而出，幫她完成分內的工作。後來，她跳槽了。最近看到她，都當副總了！還是長的漂亮好啊！」

看到這裡，所有勤奮工作的「大豬」們都會憤憤不平，但值得安慰的是：做「大豬」固然辛苦，但「小豬」也並不輕鬆。雖然工作可以偷懶，但私底下，要花費更多的精力去編織、維護關係網，否則在公司的地位隨時都會岌岌可危。

而且，工作說到底還是憑本事、靠實力的，靠人緣、關係也許能風光一時，但也是脆弱的、經不住推敲的風光。「小豬」什麼力都不出反而被提升了，看似混得很好，其實心裡也會空虛，萬一哪天露了餡，自己真的什麼都不會……。

只有在團隊工作中才有「小豬」存在的可能性，一旦要獨立工作他們就不可能那麼自在了。

除了職場，現實生活中我們也常常遇到這樣的情況。譬如說，一家澡堂，每天開門時，水管裡總有一段是涼水，當這段涼水流完後，熱水將會源源不斷。

於是，每天第一批進澡堂用水的人，他們的情況是要忍受一陣涼水的放水過程，然後才能使用到熱水。而他們後面的人，則可以馬上使用到熱水。如此一來，會出現什麼樣的情況呢？事實上，很多人都想當「小豬」，等著「大豬」先把涼水放盡。

在這裡，撇開道德因素，僅從技術角度去談，「小豬」的策略是對的。但一個群體之中，假如「小豬」的策略總是對的

話，那麼「大豬」就必將越來越少了。如何解決這個問題呢？有個辦法，其總體思路就是提高「小豬」的投機成本。還以那家澡堂為例，如果澡堂的經營者來個分時段收費，讓「大豬」享受五折優惠，那麼「大豬」就有可能多起來了。

當然，世上的事不會總是這麼簡單。譬如股市，「小豬」特別多，都想讓「大豬」來拉動股價去從中獲利。而股市裡的「大豬」往往是些「大鱷」，他們「啟動按鈕」的同時會設置大量的陷阱，以提高「小豬」們的投機成本。但如此一來，又會引出許許多多的問題來，稍有不慎，大的動盪隨之而來。如何平衡「大小豬」之間的利益關係呢？這是經濟學家們一直在苦苦思索的事。

經濟學家思考屬於他們的問題，我們思考屬於自己的問題。對於企業的管理者來說，他們的任務是要想辦法加大「小豬」們的投機成本，建立起約束「小豬」的制度，也就是讓業績考核更加透明、科學。

但話又說回來，在建立起公平合理的考核機制之前，現在的生活中，你是「大豬」還是「小豬」？你願意扮演哪個角色？

09
小豬帶給你的啟示

自己常常是個帶頭者，但往往卻收不到益處。

你是不是經常為自己淵博的知識而自豪呢？或者你也經常為有些人僅有一技之長卻比你拿了更高的薪水而鬱鬱寡歡呢？不要責怪自己，也不要怨天尤人，生活中這樣的例子比比皆是。這不是誰的錯，因為即使你覺得想不通的事也有它的科學性。

某大學公開招聘兩名教授，一個是教經濟學的，一個是教會計學的。經過層層選拔，最終有兩人獲得機會，姑且稱之為張教授和王教授。接下來就是一個讓所有人想不通但現實得不

能再現實的選擇過程。

會計學教授的薪資是 50000 元／月，而經濟學教授的薪資是 35000 元／月。張、王兩教授具有相同的學歷背景——會計學碩士。同時又都有經濟學的教學經驗，張教授的會計學教學經驗優於王教授。

以你我之頭腦去分析，知識就是金錢，知識越多，薪資越高，張教授理所當然的會獲得會計學教授職位。這就是我們這些聰明人的天真之處，殊不知現實並非如此。

王教授知道市場行情，而且知道到了目前，不可能有新的競爭者加入。因此，在與教務主任談判時，極力否認自己具有經濟學的教學經驗，甚至說如果讓他去講授經濟學會誤人子弟，與其這樣，自己寧可不要這份工作。而張教授為了證明自己的能力，加之對博弈論研究不夠，一開始就和盤托出，甚至大談特談自己的經濟學教學經驗。

事情到了這裡，相信每個人都看出了門道，學校不可能重新招聘，而兩教授也都不可能隨便丟掉到手的美差。最終的結果就是王教授獲得了會計學的教授職位，而張教授只好退而求其次，教授經濟學。

這不是一個臆想的故事，而是活生生的現實。

講這個故事並不是否定知識的價值，只是提醒你在向外界展示你的知識時，隱而不露也許會獲得最大的收益。

小豬帶給你的第二個啟示是，為集體利益做事的人最終所得總少於「搭便車」的幕後者。

為集體利益而做出行動的人突出表現在爭取加薪或增加福利。不論是國營還是民營，私人企業還是外商，在企業內部總會存在各式各樣的小團體，套用組織行為學的專業術語來說就是存在各種非正式組織。

而每一個團體都代表了一部分人的利益，因此不可避免的會產生衝突。這時，每個團體都會推選出各自的代言人。但我們這時會發現，被推選為代言人的總是那些胸無城府，但又總是給人以積極形象的人。

而群體活動的最大受益者——小豬則永遠躲在幕後。活動成功了，他們可以不傷皮毛的優先分到一杯羹；如果失敗了，他們也可以發表一篇與我無關，我是受害者之類的演講，讓大豬成為永遠的犧牲者。

這個博弈理論告訴了你一件事，天下是有免費午餐的，只要你足夠聰明，做一個聰明的小豬，讓他人心甘情願為你提供午餐。

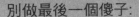

　　比如投資理財的時候，我們不懂那麼多的金融知識，但是還是要進行理財啊，這個時候我們就可以跟著別人了。

　　金融證券市場是一個群體博弈的場所，其真實情況非常複雜。在證券交易中，其結果不僅依賴於單個參與者自身的策略和市場條件，也依賴其他人的選擇及策略。

　　當莊家在低位買入大量股票後，已經付出了相當多的資金和時間成本，如果不等價格上升就撤退，就只有接受虧損。所以，基於和大豬一樣的貪吃本能，只要大勢不是太糟糕，莊家一般都會抬高股價，以求實現手中股票的增值。這時的中小散戶，就可以對該股追加資金，當一隻聰明的「小豬」，而讓「大豬」莊家力抬股價。

　　當然，要發現這種股票並不容易，所以要想當「小豬」，還需要足夠的聰明，就是發現有這種情況存在的豬圈，並衝進去。

　　從散戶與莊家的策略選擇上看，這種博弈結果是有參考價值的。例如，對股票的操作是需要成本的，事先、事中和事後的資訊處理，都需要金錢與時間成本的投入，如行業分析、企業研究、財務分析等。

　　一旦已經付出，機構投資者是不太甘心就此放棄的。而中

小散戶，不太可能事先支付這些高額成本，更沒有資金控盤操作，因此只能採取小豬的等待策略。等到莊家動手為自己覓食而主動出擊時，散戶就可以坐享其成了。

股市中，散戶投資者與小豬的命運有相似之處，沒有能力承擔炒作成本，所以就應該充分利用資金靈活、成本低和不怕被套牢的優勢，發現並選擇那些機構投資者已經或可能坐莊的股票，等著大豬們為自己服務。

由此看到，散戶和機構的博弈中，散戶並不是總沒有優勢的，關鍵是找到有大豬的那個食槽，並等到對自己有利的遊戲規則形成時再進入。

股市裡的「小豬」如果想把自己修煉成真正能賺錢的人，就要記住，保存實力比任何事情都重要。在沒有確定「大豬」真的把行情給發動起來之前，絕不輕舉妄動。一定不要忘記，在這次博弈中，小豬最好的策略是躺著不動。

小豬還要給你一個忠告，有時候跟在大豬後面就是了，不要試圖衝在最前面。

美國的經濟學家奈爾伯夫曾經犯過一個錯誤。他參加劍橋大學的五月舞會。舞會有一種賭博遊戲，每人得到相當於 20 美元的籌碼，參與者以押賭注形式參加，最後，勝利者可以得到

博奕高手養成手冊

明年舞會的免費入場券。

奈爾伯夫運氣很好，在最後一輪他贏得了 700 美元籌碼，第二名是一個英國的女子贏得了 300 美元的籌碼，其他參賽者都淘汰出局，聰明的英國女子要求求和，但是傲慢的奈爾伯夫拒絕求「和」。

最後一輪，英國女子破釜沉舟，把 300 美元押在了 3 的倍數上，取勝的機率是 12/37；奈爾伯夫見狀更是紅了眼，他把自己的 700 美元籌碼押在了 2 的倍數上，取勝的機率是 18/37。結果小機率發生了奇蹟，英國女子取得了最後的明年免費入場券。

事後，奈爾伯夫很懊悔自己的衝動，他犯的致命的錯誤就是想很快贏得第一，其實，勝利對於奈爾伯夫已經不重要，如果他跟隨英國女子後面押相同的籌碼，最後的結果自然是奈爾伯夫佔據上風，也就是說排在第一名對於老奈來說，已經不重要了，重要的是把英國女子的籌碼都吸到自己口袋中即可，因為無論英國女子押多少倍數，老奈跟隨其後，輸贏和她相同，最終的勝利就非奈莫屬了。但遺憾的是，奈爾伯夫的「錯估局勢」導致了自己的失敗。

《孫子兵法》曰：「不戰而屈人之兵，乃上策也。」悄悄跟在別人後面走，便是不戰而屈人之兵的上策。

智豬博弈，行動之前動動腦筋

日本索尼公司曾向外界公佈了一個祕密，帶給我們很多啟示。過去，索尼在研發上投入很大，但往往只開花不結果，花了九牛二虎之力將新產品推出之後，別的公司卻每每已經掌握了相關技術，所以，索尼公司成了冤大頭，為他人作嫁衣裳。為此，索尼公司改變了策略，緊跟市場，待別人推出新產品打開市場後，索尼馬上研究其不足，透過進一步的技術創新，開發並迅速推出其第二代產品，在性能、價格、設計等方面都優於對方的第一代，結果取得了「青出於藍而更勝於藍」的技術創新和市場競爭效果。

在某種新產品剛上市，其性能和功用還不為人所熟識的情況下，如果進行新產品生產的不僅是一家小企業，還有其他生產能力和銷售能力更強的企業。那麼，小企業完全沒有必要做出頭鳥，自己去投入大量廣告做產品宣傳，只要採用跟隨戰略即可。

而生活中的一些佔有更多資源的人，必須要承擔更多的義務，這在當前的國際中是很常見的現象，誰先去按這個按鈕，就會造福全體，但多勞卻並不一定多得，小豬沒有那麼多的實力可以消耗，所以最好不要做這個帶頭者。

任何行業中，在前面帶頭的，受到的阻力總是最大，而跟

隨其後者要省力很多。你看大雁遷徙的時候，經常會變換隊形，一會兒排成「人」字，一會兒排成「一」字，其中的一個原因的就是牠們要更換頭雁。

　　頭雁在最前面領飛，遇到的阻力最大，消耗的體力也最多，因而雁群中強壯有力的就要輪流做頭雁。如果讓一隻大雁一直做頭雁，再強壯的大雁也不能承受如此巨大的體力消耗。

10

樹上開花，借雞生蛋

借力使力，方便自己的路。

其實對於故事中的小豬來說，躺著不動是無奈的選擇。因為小豬的力量小，所以就要找到大豬，利用大豬的實力替自己服務，增加自己的競爭力。

現實生活中，只要你頭腦靈活，善於思考與行動，就能借助外在的力量，讓自己翱翔。方法有二，一是樹上開花，二是借雞生蛋。原則都是「借力使力」為我所用。

兵法《三十六》中的第二十九計《樹上開花》描述到，「借局佈勢，力小勢大。鴻漸於陸，其羽可用為儀也。」句意為借

助某種局面（或手段）佈成有利的陣勢，兵力弱小但可使陣勢顯出強大的樣子。此計運用此理，是說弱小的部隊透過憑藉某種因素，改變外部形態之後，自己陣容顯得充實強大了，就像雁長了羽毛豐滿的翅膀一樣。

無人不知張飛是一員猛將，而他也有謀略。劉備起兵之初，與曹操交戰，多次失利。劉表死後，劉備在荊州，勢孤力弱。這時，曹操領兵南下，直達宛城，劉備荒忙率荊州軍民退守江陵。由於老百姓跟著撤退的人太多，所以撤退的速度非常慢。曹兵追到當陽，與劉備的部隊打了一仗，劉備敗退，他的妻子和兒子都在亂軍中被沖散了。劉備只得狼狽敗退，令張飛斷後，阻截追兵。

張飛只有二、三十個騎兵，怎敵得過曹操的大隊人馬？那張飛臨危不懼，臨陣不慌，頓時心生一計。他命令所率的二、三十名騎兵都到樹林子裡去，砍下樹枝，綁在馬後，然後騎馬在林中飛跑打轉。張飛一人騎著黑馬，橫著丈八長矛，威風凜凜站在長阪坡的橋上。

追兵趕到，見張飛獨自騎馬橫矛站在橋中，好生奇怪，又看見橋東樹林裡塵土飛揚。追擊的曹兵馬上停止前進，以為樹林之中定有伏兵。張飛只帶二、三十名騎兵，阻止住了追擊的

74

曹兵，讓劉備和荊州軍民順利撤退，靠的就是這「樹上開花」之計。

張飛給人的感覺就是一個粗人，他卻能想出迷惑別人的招數，其實他的方法並沒有什麼神奇的，只不過就是借助了地形讓別人以為自己很強大而已。

當自己是「小豬」時，就要學會借力。

50年代末，美國的佛雷化妝品公司基本獨佔了黑人化妝品市場。雖然有很多的化妝品公司與其競爭，但是它的霸主地位始終無法撼動。

這時，公司有一名推銷員自立門戶了，他就是喬治·詹森，他還邀請了三個同伴一起創業，其實最開始大家對他的實力很是懷疑，因為在與佛雷的競爭中敗下來的大公司已經不計其數了，這樣的小公司根本沒有競爭力。但是喬治的想法不一樣，他覺得他們不是要和佛雷競爭，而是要從佛雷分到一杯羹，所以從某種意義上來說，佛雷越發達，對自己也就是越有利，只要借助佛雷的力量就可以了。

果然，喬治說到做到，當自己的產品生產出來之後，他的廣告詞讓大家很驚訝，當然這是他經過了多次深思熟慮的，那就是，黑人兄弟姐妹們，當你用過佛雷公司的化妝品之後，再

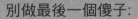

擦上一次詹森的粉質膏，你會有意想不到的結果！

從這則廣告你就可以看得出來，很奇特的，它不像一般的廣告詞一樣，總是抬高自己貶低別人，而這則廣告確實在推銷佛雷的產品，但其實卻是在推銷自己的產品，這就是借助別人已有的聲譽，自己什麼都不幹的策略。

當然皇天不負苦心人，讓佛雷這隻大豬替自己開拓市場的方法很靈驗，他們把自己的新產品和佛雷的名字擺在一起，消費者們很自然地就接受了詹森的粉質膏。

走出第一步之後，詹森又開始推出一系列的新產品，這時候的消費者已經接受了他們的東西，隨之而來的東西就變得不是那麼難辦了。經過了幾年的努力，他們居然打敗了佛雷，成為了黑人化妝品市場的新霸主。

這就是一個借助已有產品的聲譽打出自己的例子，小豬在最開始力量不足的時候借助大豬壯大自己的實力，擴大自己的市場佔有率。

上面的小豬至少還有自己的品牌和一定的實力，如果是隻一無所有的「小豬」，又該怎麼辦呢？這時候可以學會借雞生蛋。

「分眾集團」江南春的創業之路，就是借雞生蛋的最好例

子。

　　生性好強的江南春不甘心一輩子為別人工作，看老闆的臉色過日子。因此，1994 年 2 月，在讀大學三年級的江南春就開始了自己的創業之路。同年 7 月，江南春自籌資金，註冊創辦永怡傳播公司，並出任永怡傳播公司的總經理。

　　可是，幾乎作為中國最早的一代大學生創業者，1994 年時江南春何以獲得百萬餘元的註冊資金？其實機警而聰明的他使用的正是「借雞生蛋」的巧妙招數。

　　1994 年，憑藉江南春的資金實力，他還不足以成立一家屬於自己的廣告傳媒公司，於是只可能「借雞生蛋」，靠別人的錢幫助自己註冊成立公司。而也就是 1994 年的同一時候，港資永怡集團老闆為了整合旗下公司品牌，出資 100 萬讓江南春組建永怡傳播公司。

　　這是一家以創意為主的廣告代理公司，只不過江南春僅僅只是擁有公司管理權，永怡傳播公司不得不依附於當時的永怡集團，嚴格上來說，在法律制度上江南春沒有「所有權」。從「管理權」到「所有權」轉變的這個過程，江南春又巧妙地使用了「借雞生蛋」策略。

　　公司成立之後，自己不是法人代表，但是為了能儘快將公

司收歸己有，他必須拼命賺錢，透過「還款」或者「購買股份」的方式讓永怡傳播公司改姓「江」。

於是，成為「江總」的大三學生江南春馬不停蹄地為了自己的企業四處打拼。然而，大學階段即出盡風頭的江南春，面臨一年後的畢業，江南春卻「感覺到了壓力」。為了逃離或是挑戰壓力，江南春與一位志同道合的朋友合作，成立了東廣廣告公司。

這個公司的運作成功，在相當大的程度上表現了兩個年輕人的遠見。當時無錫正在大張旗鼓地進行市政建設，受到上海南京路燈火通明的啟發，他們憑藉「讓無錫亮起來」的策劃方案拿下了無錫的燈光工程。

以上海市的「燈光改造工程」遊說無錫市政府在商業繁華地點建立燈箱廣告，成本只有百萬元，而收益卻是六、七百萬。當然，城市形象也是實實在在地改變了。」江南春說。

事實上，這 500 個燈箱的工程他們沒有投入一分錢。因為前期的製作費用是無錫市財政局作為市政工程貸的款，所以江南春沒有投入一分錢，就一鼓作氣在無錫做了 500 個燈箱廣告。借你的錢，然後做你需要的產品，產品做好之後，你再用我要求的價格買回去。我來的時候帶著創意和能力，走的時候口袋

裡裝滿了錢。

　　這就是「借雞生蛋」策略的巧妙運用，也憑藉著這樣的不懈努力與幹勁所賺得的這一些業務讓江南春擁有了第一個100萬，進而真正意義上擁有了永怡公司的管理權和所有權。同時也讓江南春創造了白手起家「永怡」的商業奇蹟。

　　對於白手起家的創業「小豬」來說，可以透過自己的智慧和策略，直接或間接地使用別人的資金，如透過向銀行借貸或與他人合作等方式，來彌補自己資金方面的不足，走出困難的局面，進而開創自己的一番事業。

11

小豬大豬，各有對策

忍一時之屈，等待時機蓄勢待發。

我們這裡說的小豬，不是懶惰的小豬，而是弱小的小豬。小豬吃得少，力量小，吃食物搶不過大豬，所以只好動動腦筋，尋找對自己最有利的方案。

生活中、工作中和商業活動中，很多時候我們不甘心做那隻「小豬」。因為小豬只能吃到不多的糧食，會限制自身的發展，而且小豬總要長成大豬的。但是，作為小豬，不可能一下就戰勝大豬，將所有的糧食歸為自己，怎麼辦呢？再次動動腦筋，尋找策略。

智豬博弈，行動之前動動腦筋

　　日益發達的交通和通訊設施，和正在成熟的網路經濟時代，正在改變人類的生存狀態，也使得企業間的競爭變得越來越殘酷。對於「小豬」來說，生存是第一要務，然後要謀求發展。要在「大豬」的光環外找到自己的生存空間，直到自己成長為大豬。

　　很多的時候，當同行業中的第一推出了一種新的產品後，雖然你並不是最先搶佔時機的人，但是你卻可以透過自己獨特的優勢，在同行中鶴立雞群。溫州人生產打火機的例子，足以證明這種觀點，

　　二十幾年前，日本的打火機被一些從海外歸來的溫州人帶回了自己的家鄉，並被當作禮物送給了當地的親戚。其中有的親戚朋友腦子很靈，就將打火機各零件全部拆開，而且都仔仔細細地研究過，之後經過短短的三個月時間，溫州人就用自己的雙手做出了中國的第一個打火機。這個溫州人名叫周大虎。

　　在 90 年代初的時候，打火機還處於高檔次產品行列，每個日本產的擁有金屬外殼的打火機，市場售價為 30 到 40 美元，而溫州人憑著廉價的勞動力和快捷的仿造工藝，在保證具有相同品質的前提下，造出的打火機僅以 1 美元的價格出售，並且投入到國際市場中。現在，由於溫州的打火機市場競爭力太強，

使得原來的世界打火機生產基地，包括日本、韓國約有 80% 的廠商倒閉。

溫州的打火機佔領了中國市場的 94%，在世界市場中也占了 80%。有人曾經開玩笑說，如果把溫州人一年之內生產的打火機排列起來，其長度可以繞地球兩圈，事實上這種說法並不誇張。

小豬在變成大豬的過程中，一定要謹記的原則是不要衝在前面。但是跟在後面並不代表你只能亦步亦趨地追隨別人，你同樣可以選擇暫時的忍讓，以求「後發制人」。

克萊斯勒的前任總裁亞科卡的經歷就非常耐人尋味。亞科卡在 20 世紀 70 年代初擔任福特汽車公司總經理，8 年中為福特汽車公司賺了 35 億美元的利潤。正當他春風得意之時，由於嫉妒和猜忌，他被老闆亨利·福特免去了福特汽車公司總經理的職務。面對精神的創傷和打擊，54 歲的亞科卡沒有向命運投降，決心暫時忍讓，尋找一個可以再展自己的才華、大幹一番事業的地方，以成功的事實讓亨利·福特永世難忘。

為了實現自己的抱負，他拒絕了一些條件優厚的企業的招聘，而接受了當時深陷危機、瀕臨破產的克萊斯勒汽車公司的聘請，擔任總裁。上任後，他首先對公司組織機構大動手術，

智豬博弈，行動之前動動腦筋

並在全體員工特別是主管人員中，實行以品質、生產力、市場佔有率和營運利潤等因素來決定紅利的政策，主管人員沒有達到預期的目標，將扣除 25％的紅利。還規定在公司尚沒有起死回生之前，最高管理層各級人員減薪 10％，而亞科卡本人的年薪只有象徵性的 1 美元。他想以此表明，大家都在為走出困境而苦鬥。

為了爭取政府貸款，他親自出馬向新聞界遊說，不得不像個被告一樣站在國會各個小組委員會面前接受質詢。他由於勞累，導致眩暈症復發，差點兒暈倒在國會大廈的走廊裡。

經過幾年勵精圖治，80 年代初，克萊斯勒汽車公司終於走出困境，開始扭虧為盈。1983 年盈利 9 億美元，1984 年創利潤達 24 億美元，1985 年首季獲純利 5 億多美元。亞科卡也成為美國的傳奇人物，數以萬計的來信敦促他競選美國總統，老布希也把他當作 1988 年競選總統的「十分強有力的競爭對手」。

試想，亞科卡當初若沒有選擇暫時退讓以積蓄力量、勵精圖治，還會有後來的成功嗎？在職場博弈中，忍也是成功的法寶，許多能忍之人，都獲得了比其他人更多的回報。

對於勤奮工作卻總被搶去功勞的「大豬」來說，你可以參考以下這個故事，

　　Ａ公司銷售部新來了一名業務員魏如瑩，她活潑熱情，能說善道，沒過多久就為公司談下了幾筆大買賣，再加她性格開朗，人又大方，公司上上下下都很喜歡她，開玩笑地叫她「小財神」，可是這引起了一個人的不滿——銷售主管孫曉平。

　　孫曉平是公司老闆的遠親，平時不苟言笑，沒有什麼業績卻喜歡教訓人，他常常訓斥魏如瑩做人太高調，不懂謙虛。銷售部的人都不喜歡他，魏如瑩每次被訓斥卻只是輕鬆地笑了笑，跟沒事似的。

　　自從魏如瑩來了後，公司的銷售業績從平平無奇一下子節節攀升，一年後，公司評選年度先進人物時，大家都認為是魏如瑩當選無疑，沒想到上臺領獎的卻是主管孫曉平。看著孫曉平在臺上虛偽做作地說著致謝詞，大家都為魏如瑩抱不平，他孫曉平憑什麼呀，搶了人家的功勞還沾沾自喜，一點也不知道害臊。魏如瑩看著臺上的孫曉平，仍然只是輕鬆地笑了笑，什麼話也沒說。

　　這以後，孫曉平在銷售部就更加放肆了，經常搶業務員的功勞不說，對魏如瑩的態度更是一日不如一日。大家都勸魏如瑩直接去跟老闆反映，雖說不一定能壓制住孫曉平，但至少可以打擊他的囂張氣焰。可是魏如瑩卻什麼也沒說，反而工作得

比以前更賣力了。大家都為魏如瑩可惜，說她是一個老好人。

沒想到，幾年後，魏如瑩突然高薪跳槽到 A 公司的死對頭 B 公司做了銷售主管，還帶走了 A 公司絕大部分的客戶，A 公司一下子突遭重創，陷入了危機之中。

以前的同事們都百思不得其解，憑魏如瑩的業績和能力，只要她向老總申請，在 A 公司得到一個主管職位是輕而易舉的，為什麼她幾年來都沒有爭取，卻突然跳槽到別的公司呢？

有些同事去問魏如瑩，魏如瑩笑了笑回答說：「以我這幾年的成績，向 A 公司要一個主管職位確實很容易，但是這幾年來，孫曉平頻繁搶奪我們的功勞，公司老闆都沒有說話，不管他知道還是不知道，這麼不公平的事情存在了這麼久，說明這家公司的用人制度是不完善的，或者說是不公平的，在這樣一家公司繼續做下去，誰能保證我做了主管以後就能受到公正的待遇呢？還不如暫時忍下來，鍛鍊好自己的本事，等到時機成熟，再爭取我相應的待遇。再說了，有突出的業績和工作能力，我走到哪裡會不受歡迎呢？」同事們聽了，不得不折服魏如瑩的遠見和見識。

如果你現在就是一名遭受不公平對待的「大豬」，看了上面的故事，你會怎麼做呢？

12

平衡大小豬的收益

改變遊戲規則。

在智豬博弈裡，利用他人的努力來為自己謀求利益的智者是最大的受益人，因為他不必付出什麼勞動就能獲得自己想要的東西。

但是，實際生活中，作為一個有理性的人，誰都不願意甘冒風險而為他人帶來好處。如果是這種情況，智豬博弈便無法形成。「各家自掃門前雪，莫管他人瓦上霜」，其結局必然是整體利益受到損害。

在智豬博弈的理論中，要擺脫大家都無法生存的困境，就要讓雙方的期望值不同，然後由一方做出現象上的讓步。實際上，讓步的這一方，只是在表面上看起來是謙讓了。但他不是無原則無目的的讓步，絕不像孔融讓梨那樣是出自道德心，而是出自自己理性的盤算和對期望值的估計，然後才採取看似讓步的舉動的。這樣一來，別人看來你是讓步了。因為表面上是如此的，而你在不違背自己意願的基礎上，打破了困境，實現了自己的期望。這看似愚蠢，實則智慧至極。

而對於管理者來說，就要多思考一下了。在這場博弈中，小豬之所以不幹活，原因何在？因為，小豬按下按鈕將一無所獲，不按按鈕反而能吃上食物。對小豬而言，無論大豬是否按下按鈕，不按按鈕總是好的選擇。反觀大豬，已明知小豬是不會去按按鈕的，自己親自去總比不按按鈕強吧，所以只好親力親為了。

這種「小豬躺著大豬跑」的現象是由於故事中的遊戲規則所導致的。規則的核心指標是，每次落下的事物數量和按鈕與投食口之間的距離。

作為一個組織或者一個企業的管理者，為了整體利益，你必須重新設置遊戲模式，改變核心指標，豬圈裡可能就不會出

現同樣的「小豬躺著大豬跑」的景象了？試試看：

　　✔改變方案一：減量方案——投食僅是原來的一半分量。結果是小豬大豬都不去按按鈕了。小豬去按，大豬將會把食物吃完；大豬去按，小豬將也會把食物吃完。誰去按按鈕，就意味著為對方貢獻食物，所以誰也不會有按按鈕的動力了。

　　如果目的是想讓豬們去多按按鈕，這個遊戲規則的設計顯然是失敗的。

　　✔改變方案二：增量方案——投食為原來的一倍分量。結果是小豬、大豬都會去按按鈕。誰想吃，誰就會去按按鈕。反正對方不會一次把食物吃完。小豬和大豬相當於生活在物質相對豐富的「共產主義」社會，所以競爭意識不會很強。

　　對於遊戲規則的設計者來說，這個規則的成本相當高（每次提供雙份的食物）；而且因為競爭不強烈，想讓豬們去多按按鈕的效果並不好。

　　✔改變方案三：減量加移位方案——投食僅原來的一半分量，但同時將投食口移到按鈕附近。結果呢，小豬和大豬都在拼命地搶著按按鈕。等待者不得食，而多勞者多得。每次的收穫剛好消費完。

　　對於遊戲設計者，這是一個最好的方案。成本不高，但收

穫最大。

原版的「智豬博弈」故事給了競爭中的弱者（小豬）以等待為最佳策略的啟發。但是對於社會而言，因為小豬未能參與競爭，小豬搭便車時的社會資源配置的並不是最佳狀態。

為使資源最有效配置，規則的設計者是不願看見有人搭便車的，政府如此，公司的老闆也是如此。而能否完全杜絕「搭便車」現象，就要看遊戲規則的核心指標設置是否合適了。

比如，公司的激勵制度設計，獎勵力度太大，又是持股，又是期權，公司職員個個都成了百萬富翁，成本高不說，員工的積極性並不一定很高。這相當於「智豬博弈」增量方案所描述的情形。

但是如果獎勵力度不大，而且見者有份（不勞動的「小豬」也有），一度十分努力的大豬也不會有動力了。就像「智豬博弈」減量方案所描述的情形。最好的激勵機制設計就像改變方案三，減量加移位的辦法，獎勵並非人人有份，而是直接針對個人（如業務按比例提成），既節約了成本（對公司而言），又消除了「搭便車」現象，能實現有效的激勵。

有兩個礦區老闆，一個老闆很大方，給自己的工人的薪資比別人都要高。而另外一個老闆就不是這麼想的，他覺得礦區

是自己開發出來的，工人只給一些基本的薪資就可以了，其他的都應該歸自己所得。

　　兩個礦區的人就這樣生活著，前一個礦區的工人得到了除生活費以外的更多薪資，他們除了自己的基本生活外，還能夠做一些其他的消費，擴大自己的生活範圍。逐漸地，這邊的工人都生活得很開心，工人的小孩該上學的上學，平時大家該怎麼娛樂就怎麼娛樂。

　　而這個礦區的老闆又開始在附近的地方開辦了很多的消費場所，賺取了更多的錢，發給工人的薪資更多，大家做事也更賣力。良性循環進行著，礦區也在完善，安全措施之類的都做得很好。漸漸地，這個地方就成為了一個繁華的小城鎮。

　　而另外一個地方卻是另外一番景象，這個老闆本來想要最大化地榨取工人，可是漸漸發現工人的勞動生產率很低下，怎麼懲罰都沒有用，大家好像都聯合反對。慢慢地，這裡越來越荒涼，礦裡面還老是出事，醫藥費都花掉了不少，他自己就不明白這究竟是怎麼回事呢。

　　其實很簡單，就是分配出了問題，當你工作越辛苦卻得不到更多的報酬時，人就會沒有了積極性了。

　　所以，作為一個管理者就要注意，如果不給「大豬」更多

的收益，你的團體中就會出現越來越多的「小豬」，一定要激勵「大豬」，讓大小豬之間的收益達到某種平衡，這樣才能給自己的團隊帶來更多的利益。

激勵機制是現代企業管理中常用的手段，也是非常有效的手段，這種機制可以更有效地鼓勵大家的積極性，更全身心地投入自己的工作中去，把失誤降低到最低。當然，這種考核機制在實行過程中一定要做到公平，賞罰要分明，這樣才可以達到預期的效果。

我們說要平衡大小豬的收益，就是要設立公正合理的考核機制、激勵機制，建立完備科學的薪酬體系。要想達到這個目標，必須至少遵循以下幾個原則：

✔ 認可性原則——如果設計出來的機制和體系不能為員工所認可和接受，那麼無論其技術方面做的是多麼的出色也是沒有任何成效的。因此要讓員工明白現行的薪酬決策是怎樣做出的，薪資結構為什麼要設計成某種形式，企業為什麼要對薪資結構做出某種調整，為什麼這種決策是最適合本企業的等等。可以採用讓員工參與到薪酬決策中來以及運用有效的方式與員工進行溝通等方法來使員工認可和贊同薪酬體系。

✔ 公平性——是指企業員工對薪酬分配的公平感，也就是

對薪酬發放是否公正的認識與判斷，是設計薪酬制度和進行薪酬管理時首要考慮的因素。公平的賞罰是取得員工的信任、爭取員工支持並為企業作出更大貢獻的基礎，一般來說，合理的薪酬應滿足以下三個條件：

1. 外部公平性——同一行業同一地區或同等規模的不同企業中類似職務的薪酬應基本相同，因為此類職務對員工的知識、技能與經驗要求相似，付出的腦力和體力也相似，薪酬水準也應大致相同。

2. 內部公平性——即同一企業不同職務的員工所獲得的薪酬應正比於其各自對企業作出的貢獻，只要比值一致便是公平。

3. 自身公平性——即同一企業中佔據相同職位的員工，其所獲得的薪酬應與其貢獻成正比，同樣，不同企業中職位相近的員工，其薪酬水準也應基本相同。

✔ 競爭性——競爭性是指在社會上和人才市場中，企業的薪酬標準要有吸引力，才足以戰勝競爭對手，招到所需人才並留住人才。要有競爭力，就必須為他們提供高於同行業其他企業的薪酬水準。

✔ 激勵性——激勵性是指要在內部各類、各級職務的薪酬水準上，適當拉開差距，真正表現薪酬的激勵效果，為每個員

工提供公平均等的機會，提倡和鼓勵競爭，讓富有聰明才智和誠實肯幹者在競爭中脫穎而出並獲得高報酬，激勵員工為追求本企業效益最大化作貢獻，反對平均主義分配。

　　至少遵循以上原則，才能設計出一個對內具有公平性，對外具有競爭力的賞罰機制。小豬有吃的，保證不會餓死，大豬有更多吃的，這樣才能讓你的團隊得到更好的發展。

別做最後一個傻子

博奕高手

養成手冊

第三章
資訊博弈，比的就是資訊

　　這是一個資訊時代。很顯然，資訊的作用在博弈之中非常重要。將博弈論還原到現實，人們不再完全理性，資訊存在不對稱，博弈就需要在搶佔資訊高地上做出努力。

　　資訊不對稱，是一個很大的障礙。資訊的不對稱會造成「逆向選擇」和「道德風險」，前者事前，後者事後。而如果能把資訊準確快速地傳遞出去，就可能為自己贏得成功的機會，反之，如果傳遞的是錯誤資訊，就會導致失敗。所以在這個時代中，如何把握資訊也是檢驗你是否具有人生智慧的標準之一。

13

從一個笑話說起

♖

聽說的永遠不準，一定要去查證。

據說，美軍在 1910 年一次部隊的命令傳遞中鬧了很大的笑話。

營長對值班軍官說：「明晚大約八點鐘左右，哈雷彗星將可能在這個地區看到，這顆彗星每隔 76 年才能看見一次。命令所有士兵著野戰服在操場上集合，我將向他們解釋這一罕見的現象；如果下雨的話，就在禮堂集合，我為他們放一部有關彗星的影片。」

值班軍官對連長說：「根據營長的命令，明晚八點哈雷彗

星將在操場上空出現。如果下雨的話，就讓士兵穿著野戰服列隊前往禮堂，這一罕見的現象將在那裡出現。」

連長對排長說：「根據營長的命令，明晚八點，非凡的哈雷彗星將身穿野戰服在禮堂中出現。如果操場上下雨，營長將下達另一個命令，這種命令每隔76年才會出現一次。」

排長對班長說：「明晚八點，營長將帶著哈雷彗星在禮堂中出現，這是每隔76年才有的事。如果下雨的話，營長將命令彗星穿上野戰服到操場上去。」

班長對士兵說：「在明晚八點下雨的時候，著名的76歲的哈雷將軍將在營長的陪同下身著野戰服，開著他那輛彗星牌汽車，經過操場前往禮堂。」

這是一個很好笑的笑話，資訊在傳遞的過程中，從上到下不斷發生變化，最後傳到底層士兵耳朵裡的，是令人啼笑皆非的資訊。我們假想一下，如果軍隊在打仗過程中，要傳遞的是一個戰略性資訊的話，出了錯誤會有怎樣的結果呢？我們來看一個歷史上真實發生的故事：

1930年4月，山西軍閥閻錫山與馮玉祥結成反蔣聯盟，發動了討伐蔣介石的中原大戰。當時，聯席會議決定，閻、馮各派一支部隊，在河南省的沁陽縣會師，然後一舉聚殲駐在河南

的蔣介石軍隊。於是，馮玉祥的參謀很快擬寫一份命令。但命令中誤把「沁陽」寫成了「泌陽」，一字之差，鑄成大錯。沁陽在河南北部，離黃河岸約 70 公里，北靠山西，對閻軍來說十分有利，進可攻，退可守。而泌陽在河南南部，距沁陽有幾百公里。

到會師那天，閻錫山的部隊在沁陽看不見馮玉祥部隊的影子，知道情況不妙，立即打電報詢問，這才發現馮軍走錯了地方。等到馮軍揮師北上，已延誤聚殲蔣介石的機會，閻、馮聯軍陷入了被動，導致了聯合作戰的失敗。

這些故事都告訴我們，資訊的準確傳遞，是多麼重要的一件事情。如果能把資訊準確快速的傳遞出去，就可能為自己贏得成功的機會，反之，如果傳遞的是錯誤資訊，就會導致失敗。

其實，兩千年前，古人早就告誡過我們了。《呂氏春秋》中有一篇《察傳》，實在值得所有人不時讀讀。把它翻譯過來大意是這樣的：

傳聞不可以不審察，經過輾轉相傳，白的成了黑的，黑的成了白的。所以狗似瑣，瑣似獼猴，獼猴似人，人和狗的差別就很遠了。這是愚人所以犯大錯誤的原因。

聽到什麼如果加以審察，就有好處；聽到什麼如果不加審

察，不如不聽。齊桓公從鮑叔牙那裡得知管仲，楚莊王從沈尹筮那裡得知孫叔敖，審察他們，因此國家稱霸於諸侯。吳王從太宰嚭那裡聽信了越王勾踐的話，智伯從張武那裡聽信了趙襄子的事，沒有經過審察便相信了，因此國家滅亡，自己送了命。

凡是聽到傳聞，都必須深透審察，對於人都必須用理進行檢驗。魯哀公問孔子說：「樂正夔只有一隻腳，真的嗎？」

孔子說：「從前，舜想用音樂向天下老百姓傳播教化，就讓重黎從民間舉薦了夔而且起用了他，舜任命他作樂正。夔於是校正六律，諧和五聲，用來調和陰陽之氣。因而天下歸順。重黎還想多找些像夔這樣的人，舜說：『音樂是天地間的精華，國家治亂的關鍵。只有聖人才能做到和諧，而和諧是音樂的根本。夔能調和音律，進而使天下安定，像夔這樣的人一個就夠了。』」所以說「一個夔就足夠了」，不是「夔只有一隻足」。

宋國有個姓丁的人，家裡沒有水井，需要出門去打水，經常派一人在外專管打水。等到他家打了水井，他告訴別人說：「我家打水井得到一個人。」

有人聽了就去傳播：「丁家挖井挖到了一個人。」

都城的人人紛紛傳說這件事，被宋君聽到了。宋君派人向姓丁的問明情況，姓丁的答道，「得到一個人使用，並非在井

內挖到了一個活人。」像這樣聽信傳聞，不如不聽。

子夏到晉國去，經過衛國，有個讀史書的人說：「晉軍三豕過黃河。」子夏說：「不對，是己亥日過黃河。古文『己』字與『三』字字形相近，『豕』字和『亥』字相似。」到了晉國探問此事，果然是說，晉國軍隊在己亥那天渡過黃河。

言辭有很多似是而非，似非而是的。是非的界線，不可不分辯清楚，這是聖人需要特別慎重對待的問題。雖然這樣，那麼靠什麼方法才能做到慎重呢？遵循著事物的規律和人的情理，用這種方法來審察所聽到的傳聞，就可以得到真實的情況了。多麼中肯又精闢的論述，如果我們都能做到這樣，就不會傳播錯誤的資訊，做出愚蠢的事情了。

有一個大家所熟悉的傳話遊戲：大家坐成一圈，一個人向旁邊的人耳語，再依序傳話給下一個人，等到繞了一圈回來，原來的意思已經被傳到完全走樣、認不出來了。

由此你該知道，你所聽到的別人告訴你的話，未必就是事情原來的樣子。也許大家都不是故意的，但結果就是這個樣子。要想將資訊準確無誤地傳遞下去，對許多管理者來說都是一個難題。

對於他們來說，要將一種管理信念、管理理念或管理制度

推行下去，要將一種技巧或方法傳遞下去，首要要解決的就是準確傳遞，不要讓其出現傳遞的消減、誤差或變形。如何解決？他們需要掌握傳遞的技巧，透過交流、說明，加上實戰中檢驗、復查或糾錯等都是非常必要的。

第一關就是部署時要將要領交代清楚，不然你會發現不如親身實踐了，因為走樣了。清晰地表述、清楚地表達，確實需要平時工作的細心、認真和仔細。道理雖簡單，操作起來確實需要因管理對象的不同而有所調整，即要有個性化的定制能力。

14
小道消息能不能信

任何小道消息都是值得懷疑的。

首先我們來分析一下，小道消息整體說來有三種：

✔ 一種是資訊本源真實，傳播區域有限的小道消息。

一些本屬不得外洩的「內部詳情」或暫不確定、暫不發佈的資訊，經「大嘴巴」有意無意地洩漏出來，再經陳倉小道傳播開去。

這種小道消息大多屬於「內流河」，滋潤的耳目有限，是小道消息中傳播長度最短，傳播區域最窄，失真率較低的一種，一般只在官場或其他特定場合中流傳。這種小道消息比較純粹、

正統，畢竟服務於官方嘛，但它卻缺乏傳播快感和創意，且對傳播者的資質要求較高，所以其愛好者極少，受益者也很少。

✔ 另一種則是資訊本源真實，但經小道傳播，就變了形容和腔調，九曲迴轉，逐漸在市井間演變成流言的小道消息，俗稱流言，也即「流失真實的言論」。這類小道消息的傳播區域廣，傳播速度快，滲透性強，失真率高。它有一個基本的傳播原則是：變白為黑兮，倒上以為下。

不管是什麼資訊，一律是白的傳成黑的，黑的傳得更黑；好的傳成壞的，壞的傳得更壞。張三本來扭了腳，經這類小道消息的精心策劃，就成了張三被卡車撞斷了腿，他老婆不願意伺候他這種殘障人士，跟著自己的初戀情人，跑到其他的地方去了。

✔ 第三種小道消息是資訊本源虛假，是由捕風捉影、主觀臆斷或者憑空杜撰而得出一種資訊，然後繼續以訛傳訛，逐漸脫胎換骨最終在市井間形成謠言的小道消息。這類小道消息傳播區域最廣，傳播速度最快。它本來並不存在什麼失真問題，因為資訊源本身就是虛假的。

但相對於虛假的資訊源本身來說，經過一些嘴巴富有思想感情和審美意識的傳遞，要想和這個資訊源保持一樣是絕對不

可能的，而且，其失真率一般都在 100% 以上，一般傳到中段的時候，原來的主人便認不得了。

上面一節內容告訴我們，大凡小道消息都會失真，不管其本身是真是假。現在你來判斷，那些所謂的內部消息，能不能相信呢？

跟我們的切身利益關係最大的小道消息恐怕就是股市中的傳言了。

大部分投資人無法分辨投資對象的優劣，因此把朋友、經紀商以及投資顧問視為其投資建議的可靠來源，殊不知這些來源可能正是導致其虧損的罪魁禍首。

傑出的投資顧問與經紀商就如同傑出的醫生、律師、棒球選手一樣，百不及一。

靠消息行嗎？ 90% 的消息都是假的。只有 10% 是真的，但更害人，它讓你得點甜頭之後相信更大的假消息。

一般來說，正常的消息是傳播不出來的。你聽過這樣的消息嗎？

「誰也別告訴，機密消息，某支股票肯定上漲 10%。」

「機密消息，這個公司有一個很強的經營團隊，長期前景看好。這支股票明天要漲停。有人在操作。目標價位：翻一倍。」

資訊博弈，比的就是資訊

　　你仔細想一下，作為散戶，消息傳到你耳朵裡經過了多少道手續？即使消息是真的，也沒什麼價值了。

　　有些人總是靠耳語、謠言、故事以及一些業餘人士的建議投資股票。

　　換句話說，他們等於是把自己的血汗錢交給別人投資、而不願意費神確定自己真正要投資的是什麼。他們寧願相信別人的耳語，也不願相信自己的決定。

　　靠聽股評能賺錢嗎？很多人說，看電視上、報紙上的專家怎麼評論市場、怎麼評論股票，照著做不就行了嗎？這裡有兩點你解決不了：

　　一、專家未必都對

　　尤其是專家們對市場的預測，就沒有幾次對的。而專家評論股票是有一定時間性的，專家改變觀點的時候，沒有告訴你，你還在相信他以前的觀點，不就錯了嗎。

　　二、證券市場沒有專家，只有贏家和輸家

　　那麼多的所謂專家，未必都有真才實學。即使是真正的專家，也不能替你做一輩子主。

　　當今全球排名最前面的大富翁，一個是比爾・蓋茲，一個是巴菲特，兩個人是非常要好的朋友，經常打橋牌。

比爾‧蓋茲還教巴菲特上網，給巴菲特講了很多次關於他的企業——微軟的情況，但巴菲特就是不買微軟的股票。他說，我怕我養成了靠消息——哪怕是最好朋友的消息，而購買自己不瞭解的公司股票的壞習慣。經常想要得到內部消息的我們，是不是應當引以為戒呢？

有一項調查發現，投資者根據小道消息或內幕消息操作的結果是：54% 有賠有賺，35% 輸多贏少，只有 11% 贏多輸少。看來，調查結果並不符合投資者打聽小道消息或內幕消息操作的初衷；而輸多贏少所占的比例高達 35%，也表明投資者聽小道消息賺錢不容易。

這一結果決定了投資者對於小道消息或內幕消息的態度，像針對「除了上市公司正規披露的資訊外，您是否透過非正規途徑打聽過內幕消息」這一問題，49% 的被調查者表示基本上不打聽，38% 的被調查者表示偶爾問一下，只有 13% 的被調查者表示經常打聽，或許是打聽不到準確的小道消息，或許是因聽信小道消息上過當，投資者對於打聽小道消息並不熱衷，對於身邊的小道消息也不太刻意關注。

對於目前市場上或所處的營業部裡傳播的小道消息或內幕消息的情況，58% 的被調查者表示偶爾聽到，24% 的被調查者

認為基本沒有，只有 18% 的被調查者認為十分嚴重，能經常聽到。

　　小道消息或內幕消息總是或多或少地會傳到投資者的耳邊，但 60% 的被調查者表示，對這類小道消息或內幕消息只是聽聽而已，更主要的是靠自己判斷；34% 的被調查者表示有時根據這些消息買賣股票，只有 6% 的被調查者表示經常根據這些消息買賣股票。

　　整體而言，投資者對於小道消息或內幕消息的態度比較趨於理性，不再唯小道消息是從，畢竟聽小道消息賺錢並不容易。

　　但是根據投資者的經歷，一些內幕消息在營業部等公開場合傳播後，52% 的被調查者認為會有幾個人相信並據此投資；31% 的被調查者認為常常有不少人一起跟風買賣；17% 的被調查者認為基本沒人相信，也不會據此投資。

　　看來，內幕消息在公開場合傳播後，相信並據此投資的人不在少數。72% 的被調查者認為目前市場上這種「跟風」情況還不算嚴重，只有一些人跟風；18% 的被調查者認為很嚴重，「跟風」情況十分普遍。

　　對於這種「跟風」情況和小道消息的傳播，53% 的被調查者心存警惕，認為不正常，這往往是莊家散佈消息企圖讓人跟

風，監管機構應採取措施禁止小道消息傳播；40% 的被調查者
認為這很正常，個人投資者需要更多管道獲取資訊；7% 的被調
查者認為不正常，但別人知道了這些消息自己不知道就會吃虧。

　　由此可見，投資者對「跟風」行為並不是十分反對，對於
一些「跟風」消息還是希望獲得的，並希望透過自己的判斷來
進行投資。

　　事實上，我們所有人都清楚，在實現資訊真正的公開共用
之前，任何小道消息都是值得懷疑的。但是人往往擺脫不了「寧
可信其有」的心理，於是只好自己吃虧。

15
不完全資訊博弈

任何的風吹草動都有可能包含著讓我們成功的資訊。

　　從知識的擁有程度來看，博弈分為完全資訊博弈和不完全資訊博弈。完全資訊博弈指參與者對所有參與者的策略空間及策略組合下的支付有「完全的瞭解」，否則是不完全資訊博弈。嚴格來說，完全資訊博弈是指參與者的策略空間及策略組合下的支付，是博弈中所有參與者的「公共知識」的博弈。對於不完全資訊博弈，參與者所做的是努力使自己的期望支付或期望效用最大化。

　　對於我們大部分人來說，我們都處於不完全資訊博弈中。

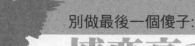
因為在現實生活的絕大多數情況下，資訊都是不對稱的，往往會出現某一方所知道的資訊而對方不知道的情況，這種情況就導致了博弈雙方一個占優勢，一個居劣勢。

猶太巨富羅斯查爾德的第三子尼桑，因為重視資訊，竟然僅僅在幾小時之內，賺了幾百萬英鎊。

1815 年 6 月 20 日，一大早倫敦證券交易所便充滿了緊張氣氛。因為昨天，英國和法國進行了決定兩國命運的戰役——滑鐵盧之戰。毫無疑問，如果英國獲勝，英國政府的公債將會暴漲；反之法軍獲勝，英國的公債必是一落千丈。此時，每一位投資者都明白，只要能比別人早知道哪方獲勝，哪怕半小時、10 分鐘，甚至幾分鐘也可以大撈一把了。

戰事遠在比利時首都布魯塞爾，當時還沒有無線電，沒有鐵路，主要靠快馬傳遞資訊。對方的主帥是赫赫有名的拿破崙，前幾次的幾場戰鬥，英國均吃了敗仗，英國獲勝的希望不大。大家都在看著尼桑的一舉一動，他還是習慣地靠著廳裡的一根柱子——大家已經把這根柱子叫做「羅斯查爾德之柱」了。

這時，尼桑面無表情地靠在「羅斯查爾德之柱」上開始賣出英國公債了。「尼桑賣了！」這條消息馬上傳遍了交易所，所有的人毫不猶豫地跟進，瞬間英國公債暴跌，尼桑繼續拋出。

資訊博弈，比的就是資訊

公債的價格跌得不能再跌了，尼桑突然開始大量買進。「這是怎麼回事，尼桑玩的什麼花樣？」大家紛紛交頭接耳。此時，官方宣佈了英軍大勝的捷報，交易所又是一陣大亂，公債價格又暴漲，而此時的尼桑已經悠然自得地靠在柱子上欣賞這亂哄哄的場景了。他狠狠地發了一大筆財！尼桑怎麼敢這麼大膽買賣？萬一英軍戰敗，他不是要大大地損失了嗎？可是，誰也不知道，尼桑擁有自己的情報網！

原來，羅斯查爾德共有 5 個兒子，他們遍佈西歐的各主要國家，他們非常重視資訊，認為資訊和情報就是家族繁榮的命脈，所以他們別出心裁地建立了橫跨整個歐洲的專用情報網，並不惜花大錢購置當時最快最新的設備，從有關商務資訊到社會熱門話題無一遺漏，而且情報的準確性和傳遞速度都超過英國政府的驛站和情報網。因此，人們稱他是：「無所不知的羅斯查爾德」。

正是因為有了這一高效率的情報通訊網，才使尼桑比英國政府搶先一步獲得滑鐵盧的戰況。在這個故事中，尼桑正是憑藉著資訊的不對稱，賺了如此之多的財富，這就足以說明資訊中自然藏有財富，關鍵是我們要以快速、準確的方式去獲得資訊，只有這樣才可以讓隱藏在資訊中的財富為我們所得。

　　為了成為不完全資訊博弈中佔據優勢那一方，我們必須注重資訊、研究資訊、快速獲得最新消息，只有這樣，我們才可以先別人一步佔據優勢，先別人一步將資訊中的財富奪過來。

　　某家大型企業集團的採購部經理脾氣暴躁，傲氣凌人，許多想向他推銷產品的業務員都碰了釘子。有一次，他到某個城市出差，準備停留一周。該城市一家辦公設備生產企業的銷售主管知道後，希望能與他草簽一個合作意向。

　　銷售主管先派 A、B 兩位業務員去飯店拜訪這位經理，兩個人貿然前去，都挨了一頓罵，帶著失敗的消息回到公司。銷售主管在希望渺茫的情況下，決定讓剛畢業的 C 去碰碰運氣，只當鍛鍊新人。而這時，距採購經理離開的時間只剩下三天了。C 並沒有急於去飯店，而是透過各種管道詳細瞭解採購經理的奮鬥歷程，弄清了他的畢業學校、處事風格、興趣愛好以及最後三天的行程安排。

　　這些準備工作用了 C 一天的時間。到了第二天一早，C 仍然不急於拜訪這位經理，而是回到公司，整理了一個小時的資料，把公司產品和競爭對手的產品進行了詳細的比較，並將能突出自家產品優勢的地方全都列了出來，然後把採購經理最關注的耐用性、售後服務等關鍵點進行了非常具有誘惑力的強化。

其實他已經查明，採購經理今天上午有一個簡短的約會，要到十點半才回去，所以，做這些準備工作在時間上是足夠的。

C 在十點一刻到了飯店，在通向經理房間必經的電梯旁等候。十點半，採購經理回到了飯店，直接上了電梯，C 也馬上跟了進去。C 從經理最感興趣的話題開始，很快就得到了去經理房間喝咖啡的邀請。後來的事就很簡單了，採購經理一次就訂購了這家公司一季的產品，並且簽訂了正式合約。

這個故事告訴我們，資訊在處理問題的過程中，有時能發揮關鍵作用。所以，千萬不要忽視了資訊的作用。如果你能收集到比別人更多的資訊，也就有了更大的勝算。

收集資訊不僅是解決問題的一個步驟，而且有時起到極為關鍵的作用。比如，當各種方法都嘗試過，當問題成了一團亂麻，一切都僵住了。這時，最好的辦法是再問問自己，原來收集的資訊夠全面嗎？有沒有被漏掉的訊息？解決之道，很可能就藏在被你忽略的資訊中。

收集資訊的過程，同時也是開拓思路、激發創造力的過程。想激發創意靈感，其中的一個方法，就是對已經掌握的各種資訊進行排列、重組、比較、聯想、質疑等。千萬不要輕視資訊，以為資訊已經足夠用了，適量的資訊意味著你的思路會被拓展

得更寬。

收集資訊不僅僅可以幫助你做出成功的決策，其實在很多時候，財富就隱藏在資訊中，關鍵看你能不能把握它，能不能應用它做出正確的判斷。

宋國有一戶人家，世代以漂染絲綢為業，他家有一種祖傳祕方，能調製防治手腳龜裂的藥膏。有位遊客聽說後，出價百兩銀子收買這種藥方。

漂絲人全家商量，認為一家人辛辛苦苦漂染絲綢一年，只不過能賺幾兩銀子，現在一以下子可以得到上百兩銀子，於是一致決定把藥方賣給了那位遊客。

遊客買下藥方，來到吳國。吳國正與越國交戰，時值隆冬臘月，北風刺骨，吳國水軍士兵的手腳都凍到裂開了，無法持戈作戰，吳王為此很著急。這時，遊客獻上藥方，吳王封他為將，調製藥膏治癒了士兵的手腳上的龜裂，一蹴而就，打敗了越軍。吳王很高興，賜封給遊客大片土地作為獎賞，並封他為侯。

同樣是治龜裂的藥膏，漂絲者只為一家人在冬天漂絲用，遊客用於兩國交戰，結果得到了大片的封地。遊客聰明就聰明在他利用資訊的智慧，一方面，他掌握了「吳王為士兵在冬天

出現手腳龜裂而擔心」的資訊，另一方面，他掌握了「宋國人能夠調製預防手腳龜裂藥膏」的資訊。這個資訊的利用，使他大賺了一筆。

羊皮卷上有一句很著名的話，可以用來說明財富就隱藏在資訊中：「即使是風，也要嗅一嗅它的味道，你就可以知道它的來歷。」在這個資訊瞬息萬變的時代，關注資訊就是關注財富，而正因為存在不完全資訊博弈，正因為資訊的不對稱性。

假如你擁有了比別人更多的資訊，你更具備分析、提取資訊的能力，你就比別人擁有了多得多的優勢和勝算。

16

獲得資訊優勢

資訊絕對是成敗的關鍵。

　　獲得資訊優勢包括了至少兩方面的內容，如果你是擁有話語權的那方，那麼你可以透過向別人傳遞資訊來達成你的目標；但如果你是收到資訊的那一方，就要敏銳地判斷這個資訊背後隱藏的更多資訊，透過掌握比別人更多的資訊，抓住對自己有用的資訊並加以利用，進而為自己創造無盡的財富。

　　我們先來看前者，聰明的領導者懂得利用資訊傳達的方式來扭轉對自己不利的局面：

　　在美國有一則家喻戶曉、人人皆知的徵兵廣告，既幽默又

資訊博弈，比的就是資訊

智慧。這則徵兵廣告播出後，效果十分明顯。它改變了死氣沉沉的徵兵局面，使許多青年踴躍應徵入伍。徵兵廣告的內容如下：

「來當兵吧！當兵其實並不可怕。應徵入伍後你無非有兩種可能：有戰爭或沒戰爭，沒戰爭有什麼可怕的？有戰爭後又有兩種可能：上前線或者不上前線，不上前線有什麼可怕的？上前線後又有兩種可能：受傷或者不受傷，不受傷又有什麼可怕的？受傷後又有兩種可能：輕傷和重傷，輕傷有什麼可怕的？重傷後又有兩種可能：可治好和治不好，可治好有什麼可怕的？治不好更不可怕，因為你已經死了。」

原來，這份別出心裁的徵兵廣告出自於一位著名心理學家之手。媒體記者採訪了他，問：「為什麼這份徵兵廣告能深入人心，得到這麼好的效果？

他回答說：「當人們有了接受最壞情況的思想準備之後，就有利於應對和改善可能發生的最壞情況。」

從當時的情況來看，很多青年人在去不去服兵役這兩個選擇之間進行博弈，而這則廣告帶給青年人的資訊對服兵役這個決策起到了積極的作用。資訊的價值正在於此。

我們在大部分情況下，很難掌握影響未來的所有因素，於

是做出準確決策變得極為困難，而資訊則會幫助決策者去衡量利弊，做出對自己有益的決策。

當然，由於博弈雙方對資訊的掌握通常是不對稱的，獲得資訊優勢的人會佔據上風，他可以透過披露資訊的方式來改變雙方的資源配置情況，進而影響博弈的結果。這一點，被無數的歷史事件所證實。

阿爾及利亞位於非洲和撒哈拉大沙漠的西部，北臨地中海，與西班牙和法國隔海相望。是非洲第二個面積最大的國家。1830 年，法國侵略阿爾及利亞。經過多年戰爭，法國於 1905 年佔領阿爾及利亞全境。在後來的五、六十年間，阿爾及利亞人民奮起反抗，要求獨立。法國政府為了鎮壓阿爾及利亞人民的反抗，派去了不少軍隊，動用了不少財力和物力。

20 世紀 60 年代初，法國在阿爾及利亞的戰爭泥潭中越陷越深，總統戴高樂決定與阿爾及利亞人談判，以便儘快結束戰爭。然而，駐守在阿爾及利亞的殖民軍軍官們卻密謀發動政變，以阻止戴高樂的和平計劃。

為瓦解兵變，戴高樂以慰問為名義，向駐守在阿爾及利亞的軍人發了幾千架收音機，供士兵收聽。這個做法得到了軍官們的肯定，他們認為這並非是件壞事。然而，就在正式會談開

資訊博弈，比的就是資訊

始的那天夜裡，收音機裡傳來了戴高樂總統的聲音：「士兵們，你們面臨著忠於誰的抉擇。我就是法蘭西，就是它命運的工具，跟我走，服從我的命令……」這聲音，這語氣，跟當年戴高樂流亡國外，號召法國人民反擊德國法西斯時的聲音一樣。

過去他們跟著戴高樂，取得了反法西斯戰爭的勝利，今天還能有別的選擇嗎？於是，大部分士兵已經發現事態的真相，都開了小差，整個兵營變得空空蕩蕩。軍官們只好放棄兵變的圖謀。

就這樣，戴高樂透過披露資訊，不費一槍一彈便成功地控制了局面，贏得了政治上的一大勝利。下面我們來看後者。有人可以把正確的資訊解讀成錯誤的結論，有人可以從看似無用的資訊中找到寶貝。這就是人與人的差別，也決定了人與人成就的差別：

中航油（新加坡）公司 5.5 億美元巨虧的事情已經被炒得沸沸揚揚。公司前總裁陳久霖曾被譽為「亞洲經濟新領袖」，個人能力非常之強。虧損緣於石油價格暴漲但公司卻在錯誤的方向上（做空）進行了衍生交易。

當 2008 年 8 月 27 日投資人向公司提出公司是否會在原油上漲中獲益的問題時，公司如此回答：「公司自身的狀況比油

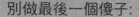
價對公司的盈利情況影響更大，所以我們不能說我們能從原油上漲中獲益。」

這句話單獨來看當然是正確無誤的，投資人就這樣的回答的理解只能是：（1）公司自身經營較好，此前上半年公司淨利潤為 1020 萬美元，所以這個意思表達是正確的；（2）公司不能從原油上漲中獲益。事實上公司在原油市場上是做空的，所以當然不能獲益。這句話也算是正確的。

但是，一個資訊是否傳達了正確的信號，我們的判斷要從三個方面著手：第一當然看這個資訊是否真實；中航油關於不能獲益的回答是真實的，第一個方面基本滿足。第二要看這個資訊是否準確；中航油的回答不夠準確，因為它只說明了不能獲益，沒有準確的說明它實際上是虧損的；第三要看這個資訊是否完整。

這個條件非常關鍵。中航油的回答離資訊的完整性差得很遠。它只是非常晦澀的表達了一個不完整而且不夠準確的意思。完整的意思表達應當包括原油上漲對公司的影響方向、影響程度，這種影響將會造成公司盈利的變化情況，以及公司採取的措施，等等。

事實上，中航油公司不僅不能從原油上漲中獲益，反而因

資訊博弈，比的就是資訊

為做空而大栽跟斗，這一點並沒有披露。中航油（新加坡）公司是上市公司，如果投資人能夠讀懂這個資訊的真實意思，率先拋售的人必定大獲利益。中航油的暴跌是在 2008 年 10 月初開始的，從 8 月底到 10 月份，有一個多月的時間，如果你能解讀出真實和準確的情況，絕對不至於賠錢。

亞默爾肉類加工公司的老闆菲普力‧亞默爾習慣於天天看報紙，雖然生意繁忙，但他每天早上到了辦公室，就會看祕書給他送來的當天各種報刊。1875 年初春的一個上午，他仍然和平時一樣細心地翻閱報紙，一條不顯眼的不過百字的消息把他的眼睛牢牢吸引住了，墨西哥疑有瘟疫。

亞默爾頓時眼睛一亮，如果墨西哥發生了瘟疫，就會很快傳到加州、德州，而加州和德州的畜牧業是北美肉類的主要供應基地，一旦這裡發生瘟疫，全國的肉類供應就會立即緊張起來，肉價肯定也會飛漲。他立即派人到墨西哥去實地調查。幾天後，調查人員回電報，證實了這一消息的準確性。

亞默爾放下電報，立即集中大量資金收購加州和德州的肉牛和生豬，運到離加州和德州較遠的東部飼養。兩三個星期後，瘟疫就從墨西哥傳染到聯邦西部的幾個州。聯邦政府立即下令嚴禁從這幾個州外運食品，北美市場一下子肉類奇缺、價格暴

漲。亞默爾及時把囤積在東部的肉牛和生豬高價出售。短短的三個月時間，他淨賺了 900 萬美元（相當於現在 1.3 億美元）。這一條資訊讓他賺取了巨額利潤。

　　亞默爾的成功不是偶然的，而是他長期看報紙，去獲取最新資訊，並善於抓住那些資訊中對他公司有利的資訊加以利用的結果。為了更有效地獲取資訊，也為了避免他個人的力量無法兼顧到所有的資訊，他還專門成立了一個小組，為他負責收集相關資訊，這些收集資訊的人員的文化水準都很高，長期經營他公司相關行業，富有管理經驗，懂得資訊中哪些資訊是有用的，哪些資訊是無用的。

　　他們每天把全美、中國、日本等世界幾十份主要報紙閱讀一遍，並對其中重要的相關資訊進行分類，最後再將這些資訊做出相應的評價，而這些已經集聚了全世界資訊精華的資訊，最後才會被送到亞默爾手中，再由他去選擇出可以對公司帶來財富的資訊加以利用。如果他覺得某條資訊有價值就和他們共同研究這些資訊。這樣，他在生意經營中由於資訊準確而屢屢成功。

17

學會利用資訊

知己知彼，百戰百勝，你想打敗對手，就先要充分瞭解對方。

　　任何時候，都不要只做被動接受資訊的那個人，要學會主動利用資訊。你可以搜尋各種資訊給自己帶來方便，帶來靈感，也可以透過發佈資訊為自己帶來利益。讓資訊為我所用，才能成為最大的贏家。

　　在西方某國，不少出版商都為推銷書籍絞盡腦汁，奇招層出不窮。有一位聰明的書商給總統送了一本書，並三番兩次地去徵求總統的意見，忙於公務的總統不願與他多糾纏，便回了

一句：「這書不錯！」書商如獲至寶，立即在媒體上大做廣告：「現有總統喜歡的一本書出售。」結果，該書一上市即被一搶而空。

後來，那位書商又有書賣不出去了，便照上次方法又把書送了一本給總統。總統上過一次當後總算學乖了，奚落道：「這本書實在糟透了！」

想不到他的這個回答又上了書商的「當」，書商又以總統的話大做廣告：「現有讓總統討厭的一本書出售。」人們出於好奇，爭相搶購，該書又很快售完了。

當書商第三次將書送給總統時，總統吸取了前兩次的教訓，索性緊閉金口不置一詞。但最終仍被書商鑽了漏洞，這一回書商的廣告詞是：「現有總統也難以下結論的一本書出售，欲購請從速。」結果，那本書又在極短的時間內被一搶而空。

也許你會覺得這個書商發佈的資訊有故意誤導消費者之嫌，可是嘩眾取寵也好，故意曲解也好，他獲得了成功不是嗎？你不得不佩服他駕馭資訊的能力。

卡內基傑克，有一天告訴他的兒子——

傑克：我已經決定好了一個女孩子，我要你娶她。

兒子：我自己要娶的新娘我自己會決定。

資訊博弈，比的就是資訊

傑克：但我說的這女孩可是比爾‧蓋茲的女兒喔！

兒子：哇！那這樣的話……

在一個聚會中，傑克走向比爾‧蓋茲——

傑克：我來幫你女兒介紹個好丈夫。

比爾：我女兒還沒想嫁人呢！

傑克：但我說的這年輕人可是世界銀行的副總裁喔！

比爾：哇！那這樣的話……

接著，傑克去見世界銀行的總裁——

傑克：我想介紹一位年輕人來當貴行的副總裁。

總裁：我們已經有很多位副總裁，夠多了！

傑克：但我說的這年輕人可是比爾‧蓋茲的女婿喔！

總裁：哇！那這樣的話……

最後，傑克的兒子娶了比爾‧蓋茲的女兒，又當上世界銀行的副總裁。

據說，許多生意通常都是這樣談成的。這當然是個虛構的故事，但是告訴你的道理不是假的，很多時候你就是要利用資訊來幫你達成目標。在各個資訊中穿梭時，也許你會有不一樣的收穫。

而且，某些時候，當我們覺得山窮水盡時，不妨把思考點

從尋找方法回到尋找資訊上來。而新的資訊能幫我們打破原有的思維模式，在進一步尋找資訊時，也許會發現柳暗花明的轉機。

盈盈大學快畢業時，如願找到一份滿意的工作。為了繼續完成論文，拿到畢業證書，她仍然住在學校的公寓裡。按照同學告訴她的乘車路線，盈盈每天上班要換搭三次公車，每天早出晚歸，回到公寓，草草地吃過晚飯，已經沒有時間寫論文了。

兩個星期以後，盈盈覺得苦不堪言。她想請假專門做論文，又怕耽誤了好不容易找到的工作。然而，交通路線是不可能縮短的，這個問題怎麼才能解決呢？

又是一個清晨，盈盈在汽車站等公車，她漫不經心地流覽各種汽車站牌，忽然，她驚喜地發現，站牌的最下面，有一路公共汽車可以直達離她所在公司很近的一個站點。盈盈於是試著乘坐了那趟車，結果她發現，雖然下車後要步行五分鐘的路程，但比起轉乘三次車，時間還是節省了半個小時左右。

盈盈後悔自己怎麼沒有早點發現這路公車呢？她開始分析其中的原因——原來，由於事先被同學告知了乘車路線，盈盈的腦子裡就形成了思維模式，認為只有這一條乘車線路，使她忽視了對新資訊的尋求。

資訊博弈，比的就是資訊

從這件小事中，盈盈懂得了資訊的重要性。以後，凡是在工作中遇到不好解決的問題，盈盈總是回到問題的出發點——資訊上。要嘛把已知的資訊重新整理一遍，要嘛去尋找是否有被自己漏掉的資訊。而無一例外地，在增加訊息量的過程中，盈盈總能找到靈感的火花，想出解決問題的辦法。

現代社會是資訊科技日益發達的時代，人們從事的各種工作，都要和資訊打交道，甚至大部分時間是用來和資訊打交道的。而資訊在解決問題過程中的重要性，也日益凸顯出來。擁有訊息量的多少、收集資訊速度的快慢、對資訊有效利用的程度，都決定了一個人解決問題的水準和能力。解決問題的鑰匙，往往就藏在資訊中。創意豐富的人，其實也都是佔有大量資訊的人。

這個問題在前面「獲得資訊優勢」中我們已經談過了。很多時候，解決問題能力的高低，往往取決於一個人是否擅長發現被別人忽視的資訊。所以，一定要善於利用身邊的各種資訊。

出版公司的封面設計師小楊，一直在為新書的封面苦惱。一個星期天，他在乘車時，路邊一個看板無意激發了他的靈感。於是，新的封面方案受到同事的一致認可，也獲得良好的市場回饋。

　　一次，某辦公室「大掃除」，同事們「大刀闊斧」地把堆積了多年的廢紙拿去賣，而銷售業務員小張，卻把丟在地上的「客戶資料庫」檔案袋撿了起來，並從裡面挑出幾張名片保存。沒想到，正是其中一張名片，促成了一筆大額的銷售合約。

　　工程師小王，一次和老同學電話聊天，聽說行業內某資料指標有所調整。同學只是說說而已，而小王卻是有心人，從當天就開始考慮怎麼把這個資料變化用在工作中。果然，日後小王的技術革新促成了公司產品的升級，而他本人也被提升為公司的副總工程師。

　　業務員小劉，閒來與同行、朋友一起喝酒。席間有人談到某大企業的老闆林總對某餐廳一道名菜有偏好。小劉暗自驚喜——林總正是他久攻不下的客戶。於是，小劉在某餐廳訂了一桌豐富的酒席，特地請林總赴宴，終於促成了這筆生意。

　　只要不觸犯法律，你大可以好好利用資訊幫你解決難題。你還可以巧妙地利用了資訊的不對稱性，將有利於自己的資訊傳遞到別人那裡，進而讓自己更順利地實現目標。

18

誰掌握的資訊更多

如果你留心，財富就會滾滾而來。

　　巴黎古董收藏家安德列先生下鄉搜集古董，他在一個農夫家發現了一個中世紀時期的古董小碟子。主人卻用它在給貓喝牛奶。

　　安德列驚喜極了，便問那位農夫：「您這隻小貓可真漂亮。我真想給我的小兒子買下來，那他一定會高興極了。您可以賣給我嗎？」

　　「當然，你如果非常想買的話。」

安德列付了一大筆錢之後，說：「這小貓一定習慣用這個舊碟喝奶啦，我可以把這個碟子也一塊兒買走嗎？」說著便伸手去拿那碟子。

「那可不行，先生。」農夫嚷道，「您把碟子放下吧，它讓我在兩天之內賣掉了六隻貓。」

安德列想了想，說：「那這樣好了，我不在乎錢，為了讓我買的貓過得舒服，我再給你購買兩隻貓的錢，把碟子拿走，您看你您多賺很多錢。」

農夫說：「哼哼，尊敬的先生，我剛才還忘說了，這個碟子除了能幫我賣掉小貓，它還是個中世紀的古董，您別做夢了。」

就這樣，安德列用一大筆錢，買回了一隻普通的小貓。

這個故事啟中，古董商認為自己掌握了「碟子是古董」的資訊，並錯誤地認為農夫不知道真相，屬於資訊不對稱。而實際上，農夫不光知道「碟子是古董」，還知道「古董商認為農夫不知道碟子是古董」的資訊，由此真正形成了資訊不對稱，並大賺了一筆。

資訊不對稱造成的劣勢，幾乎是每個人都要面臨的困境。誰都不是全知全覺，那麼怎麼辦？首先，為了避免這樣的困境，

資訊博弈，比的就是資訊

我們應該在行動之前，盡可能掌握有關資訊。人類的知識、經驗等，都是這樣的「資訊庫」。

當然，我們並不一定知道未來將會面對什麼問題，但是你掌握的資訊越多，正確決策的可能就越大。

再來看一個故事：有一個賣草帽的人，有一天，他叫賣歸來，到路邊的一棵大樹旁打起瞌睡。等他醒來的時候，發現身邊的帽子都不見了。抬頭一看，樹上有很多猴子，而且每一隻猴子的頭上都有頂草帽。

他想到猴子喜歡模仿人的動作，於是就把自己頭上的帽子拿下來，扔到地上；猴子也學著他，將帽子紛紛扔到地上。於是賣帽子的人撿起地上的帽子，回家去了。後來，他將此事告訴了他的兒子和孫子。很多年之後，他的孫子繼承了賣帽子的家業。

有一天，他也在大樹旁睡著了，而帽子也同樣被猴子拿走了。孫子想到爺爺告訴自己的辦法，他拿下帽子扔到地上。可是猴子非但沒照著做，還把他扔下的帽子也撿走了，臨走時還說：「我爺爺早告訴我了，你這個老騙子會玩什麼把戲。」

毫無疑問，掌握資訊更多者會獲勝。所謂「知己知彼，百戰不殆」也是這個道理。

　　明朝正德年間，福州府城內朱紫坊有位秀才鄭堂開了家字畫店，由於這個人是個附庸風雅的個性，琴棋書畫詩詞歌賦都略知一二，頗有些名聲在外，所以店裡生意頗是興隆。

　　有一天，有位叫龔智遠的拿來一幅傳世之作《韓熙載夜宴圖》押當，鄭堂大喜，當場付了 8000 兩銀子，龔智遠答應到期願還 15000 兩。

　　一晃就到了取當的最後期限，仍不見龔智遠拿銀子過來贖畫，鄭堂似乎感覺到有些不大對勁，取出放大鏡仔細一看，原來是幅贗品。鄭堂被騙走 8000 兩銀子的消息，一夜之間不脛而走，轟動全城。

　　兩天之後，受騙了的鄭堂卻做出一個讓人跌破眼鏡的決定，他在家中擺了幾十桌大宴賓客，遍請全城的士子名流和字畫行家赴會。

　　酒至半酣，鄭堂從內室取出那幅假畫掛在大堂中央，說道：「今天請大家來，一是向大家表明，我鄭堂立志字畫行業，絕不會因此打退堂鼓；二是讓各位同行們見識見識假畫，引以為戒。」

　　待到客人們一一看過之後，鄭堂把假畫投入火爐，邊燒邊義正詞嚴的說道：「不能留此假畫在這世上再害人了！」8000

資訊博弈，比的就是資訊

兩銀子就這樣付之一炬，鄭堂之氣度恢弘，財大氣粗再一次轟動全城。

鄭堂焚畫後的第二天一大早，那個本已銷聲匿跡了的龔智遠早早來到他的字畫店裡，推說是有要事耽誤了還銀子的時間。鄭堂說：「無妨，只耽誤了三天，但是需加三分利息。」鐵算盤一打，本息共計是 15240 兩銀子。

龔智遠昨夜已得知自己的那幅畫已經被他燒了，所以有恃無恐地要求以銀兌畫。鄭堂驗過銀子之後，從內堂取出一幅畫，龔智遠冷笑著打開一看，不由得頭暈目眩，兩腿發軟，當下就癱倒在地。

原來，鄭堂知道上當受騙後，覺得不應該就這樣讓騙子輕易得逞，自己應該想辦法儘量挽回損失。他靈機一動，自己抓緊時間依照贗品又仿造了一幅畫，畫好後故意大宴賓客毀畫（毀掉的是贗品的仿製品），故意讓龔智遠聽到風聲，進而主動送來本息巨金。就這樣，鄭堂不但沒有白白損失 8000 兩銀子，反倒還大賺了一筆，還讓龔智遠這樣自作聰明的傢伙啞巴吃黃連——有苦說不出。

龔智遠把鄭堂當作笨蛋，賣了贗品之後還得寸進尺，想多賺一大筆錢，結果中了鄭堂的計策，偷雞不成蝕把米。

　　現實生活中的很多人之所以犯這樣的錯誤，是因為他們總以為別人掌握的資訊比自己少，低估別人訊息量的結果就是認為別人是傻瓜，什麼都不懂，結果落得自己有苦說不出。

　　對於個人來說，如果你是個真正聰明的消費者，在商店打折的時候，會把打折後的價格和其他商場同類商品的價格比較，然後再做決定。如果你能在遇到問題的時候，多問幾個為什麼，多思考，多收集相關資訊，就不會成為傻瓜。

第四章
囚徒困境，選擇決定勝敗

　　生活中，你總是會遇到博弈論的內容，你也往往會陷入類似「囚徒困境」的兩難境地。如同哈姆雷特一樣，合作還是背叛，是一個很難抉擇的問題。但再難解的問題也並非毫無辦法。而且，如果你能夠巧妙地利用這種棘手的困境，還可以幫助自己化解難題，為自己帶來更多利益。

19
兩難選擇，合作還是背叛？

雙輸，這就是囚徒困境帶來的結果。

1950 年，由就職於蘭德公司的梅里爾‧弗勒德和梅爾文‧德雷希爾擬定出一種相關困境的理論，後來由顧問亞伯特‧塔克以囚徒方式闡述，並命名為「囚徒困境」。這也是關於博弈論流傳最廣的一個故事，在哲學、倫理學、社會學、政治學、經濟學乃至生物學等學科中，獲得了極為廣泛的應用。

故事有很多版本，大意是這樣的：

囚徒困境，選擇決定勝敗

　　有一天，一位富翁在家中被殺，財物被盜。警方在此案的偵破過程中，抓到兩個犯罪嫌疑人，並從他們的住處搜出被害人家中遺失的財物。但是，他們矢口否認曾殺過人，辯稱是先發現富翁被殺，然後只是順手牽羊偷了點兒東西。於是警方將兩人隔離審訊。

　　檢察官說：「你的偷盜罪確鑿，所以可以判你 1 年刑期。但是，我可以和你做個交易。如果你單獨坦白殺人的罪行，我只判你 3 個月的監禁，但你的同夥要被判 10 年刑。如果你拒不坦白，而被同夥檢舉，那麼你就將被判 10 年刑，他只判 3 個月的監禁。但是，如果你們兩人都坦白交代，那麼，你們都要被判 5 年刑。」

　　顯然最好的策略是雙方都抵賴，結果是大家都只被判 1 年。但是由於兩人處於隔離的情況下無法串供。那麼，囚徒到底應該選擇哪一項策略，才能將自己個人的刑期縮至最短？

　　兩名囚徒由於隔絕監禁，並不知道對方的選擇；而即使他們能交談，還是未必能夠盡信對方不會反悔。就個人的理性選擇而言，檢舉背叛對方所得刑期，總比沉默要來得低。試設想困境中兩名理性囚徒會如何做出選擇：

　　若對方沉默，背叛會讓我獲釋，所以會選擇背叛。

　　若對方背叛指控我，我也要指控對方才能得到較低的刑期，所以也是會選擇背叛。

　　二人面對的情況一樣，所以二人的理性思考都會得出相同的結論──選擇背叛。背叛是兩種策略之中的支配性策略。因此，這場博弈中唯一可能達到的平衡，就是雙方參與者都背叛對方，結果二人同樣服刑 5 年。

　　這樣兩人都選擇坦白的策略以及因此被判 5 年的結局，被稱為「納許均衡」，也叫非合作均衡。從這裡可以引出一個理論：從利己的目的出發，結果卻損人不利己。兩個囚徒的命運就是如此。從這個意義上說，我們還可以悟出一條真理：合作是有利的「利己策略」。但它必須符合以下黃金定律：也就是我們常說的「己所不欲，勿施於人」，且前提是「人所不欲，勿施於我」。

　　納許均衡的貢獻是，證明了在這一類的競爭中，只要是別人的行為確定下來，競爭者就可以有最佳的策略。他的這項理論工作使得博弈論從此成為經濟學家用來分析商業競爭到貿易談判種種現象的有力工具。

　　現實中，無論是人類社會或大自然都可以找到類似囚徒困境的例子：

囚徒困境，選擇決定勝敗

　　在政治學中，兩國之間的軍備競賽可以用囚徒困境來描述。兩國都可以聲稱有兩種選擇：增加軍備（背叛）、或是達成削減武器協議（合作）。兩國都無法肯定對方會遵守協議，因此兩國最終會傾向增加軍備。似乎自相矛盾的是，雖然增加軍備會是兩國的「理性」行為，但結果卻顯得「非理性」（例如會對經濟造成損害等）。這可視作遏制理論的推論，就是以強大的軍事力量來遏制對方的進攻，以達到和平。

　　在經濟學中，表現為關稅戰。兩個國家，在關稅上可以有兩個選擇：

　　✔ 提高關稅，以保護自己的商品。（背叛）
　　✔ 與對方達成關稅協定，降低關稅以利各自商品流通。（合作）

　　當一國因某些因素不遵守關稅協定，獨自提高關稅（背叛），另一國也會做出同樣反應（亦背叛），這就引發了關稅戰，兩國的商品失去了對方的市場，對本身經濟也造成損害（共同背叛的結果）。然後兩國又重新達成關稅協定。（重複博弈的結果是將發現共同合作利益最大。）

　　在商業中，以廣告戰為例：兩個公司互相競爭，它們的廣

告互相影響，即一個公司的廣告較被顧客接受則會奪取對方的部分收入。但若二者同時期發出品質類似的廣告，收入增加很少但成本增加。但若不提高廣告品質，生意又會被對方奪走。

這兩個公司可以有兩個選擇：

✔ 互相達成協定，減少廣告的開支。（合作）

✔ 增加廣告開支，設法提升廣告品質，壓倒對方。（背叛）

若兩公司不信任對方，無法合作，背叛成為支配性策略時，兩公司將陷入廣告戰，而廣告成本的增加損害了兩公司的收益，這就是陷入囚徒困境。在現實中，要兩個互相競爭的公司達成合作協議是較為困難的，多數都會陷入囚徒困境中。

除了上述領域，在生活中，往往也有很多囚徒博弈的例子，比如有這樣一個故事：

兩個旅行者麥克和約翰從一個以出產瓷器的著名旅遊勝地回來時，他們各買了一個瓷花瓶。提取行李時，發現花瓶被摔破了，他們向航空公司索賠。

航空公司估計花瓶的價格在 80 ～ 90 元左右，但不知道這兩位旅客購買的準確價格。航空公司要求兩位旅客在 100 元以內，自己寫下花瓶價格。若兩人寫的相同，證明他們說了真話，就照他們寫的數額賠償；如果兩人寫的不一樣，那就認定寫得

囚徒困境，選擇決定勝敗

低的旅客講的是真話，按這個低的價格賠償，但是對講真話的旅客獎勵 2 元，對講假話的旅客罰款 2 元。

如果兩人都寫 100 元，他們都會獲得 100 元。但是，假定約翰寫 100 元，麥克改寫 99 元，則他會獲得 101 元。約翰又想，若麥克寫 99 元，他自己寫 98 元，比寫 100 元好，因為這樣他獲 100 元，而自己寫 100 元當麥克寫 99 元時自己卻只獲 97 元。而約翰寫 98 元，麥克又會寫 97 元……這樣，最後落得兩個人只寫 1 元的境地。雙輸，這就是囚徒困境帶來的結果。

再有，一個小鎮政府有一個為期一年的採購計劃，每個月採購一批飲料。如果小鎮上的兩家飲料公司的報價一致，那麼政府就把訂單一分為二。否則，政府會把更多的訂單給報價低的那個公司。顯然，這兩家公司都報出同樣的高價，才符合其利益。在這種多次博弈中，他們會聯合起來出高價嗎？如果會，那麼在一年 12 次的博弈中他們會合作幾次呢？

假如他們開始簽訂了合約，都報出一個比較高的價位。不過，顯然最後一次他們不需要遵守合約，因為反正以後沒有採購計劃了，違約也不會有什麼壞處。如果是這樣，倒數第二次也不需要遵守合約，因為不論怎樣倒數第一次都是要違約的，那就不存在是否有懲罰的問題。所以倒推下來，一次合約都不

用遵守。兩家公司最後可能還是兩敗俱傷。

　　如果你有興趣，還可以做一個實驗：選定幾個人，讓他們都猜一個數字，必須是 1 或 100 之間的整數。條件是誰最接近所有實驗者的所猜數字平均值的 1/3，誰就可以得到 100 塊錢。

　　這個時候，每一個人都會想：如果一開始其他人都是隨機地選擇數字，50 就會是所有人的猜測。這個時候，猜 50 的 1/3 也就是大約 17 可能會贏。然而，每一個人都會猜到 17 這個數位的時候，大家就會猜測 17 的 1/3，也就是 6 左右。依此類推，這個遊戲中的每一個人最終猜測的結果是唯一最小的數位，那就是 1。

　　我們可以看到，在「囚徒困境」中，每一方在選擇策略時，都只是選擇對自己最有利的策略，而並不顧及其他對手的利益和社會效益。

　　表面上來看，這種策略組合是由當事雙方各自認為的最佳策略構成。但實際上，雙方都選擇拒絕招供才是真正的最佳策略，因為這樣才會使兩個人都無罪釋放，雙方都獲得最大利益。但是，沒有人會主動改變自己的策略以便使自己獲得最大利益，因為，這種改變會給自己帶來不可預料的風險——萬一對方沒有改變策略呢？

20
遵守遊戲規則

現實生活的複雜程度也許會超出我們的想像，我們不能也不敢單純地信任別人。但要玩遊戲，就得遵守遊戲規則。這是不變的道理，否則早晚會被開除出局。

「囚徒困境」這個問題為我們探討合作是怎樣形成的，提供了極為形象的解說方式，產生不良結局的原因是因為囚犯二人都基於自私的角度開始考慮，這最終導致合作沒有產生。

個體的理性導致雙方得到的比可能得到的少，這就是「困境」。當個體都做出有利於自己的「理性」選擇時，結果卻是整體的非理性。當個人理性與集體理性發生衝突的時候，每個

人都以利己的目的為出發點，結果既不利己也不利人，導致的最終結果是「納許均衡」，對雙方都不利。

　　生活中，我們每個人在和別人往來的過程中，都有可能遭遇到這種困境。該怎麼做才能使自己的利益最大化呢？其實道理很簡單，對大家最合理和有利的做法是大家都遵守遊戲規則，進而達到「雙贏」的目的。如果你選擇背叛而對方選擇合作，表面上看起來是你得到了最大利益。但實際生活中，我們會面臨多次重複的囚徒困境。

　　而在重複的囚徒困境中，博弈被反覆地進行。因而每個參與者都有機會去「懲罰」另一個參與者前一回合的不合作行為。這時，合作可能會作為均衡的結果出現。欺騙的動機這時可能被受到懲罰的威脅所克服，進而可能導向一個較好的、合作的結果。

　　所以，與其被迫在得到懲罰之後才選擇合作，不如大家都遵守遊戲規則。

　　一次，有位中國商人和兩個房地產公司的客戶去澳大利亞墨爾本，與一家建築設計事務所商談專案設計的事情。這家事務所在墨爾本市中心，澳方諮詢合作夥伴開車接他們去那裡。到達後停車的時候，他發現一個穿制服的警察拿著一支粉筆，

囚徒困境，選擇決定勝敗

在一些車的右後輪胎的上方劃上一道橫線。他問合作夥伴，這個人為什麼這樣做？他解釋說，墨爾本市中心的停車位非常少，所以每輛車在一個位置上只可以停留 40 分鐘。停車管理員巡視整個街區，在每一輛新進停留的車上做標記，如果過了 40 分鐘，某一輛車的輪胎上畫的線還在上方的位置，那他就要開單了。

他們在這家事務所談了半個小時後，他的那個合作夥伴跟大家說：抱歉，我要下樓一下。十幾分鐘後，他回來了，輕鬆地說：沒什麼事，只是挪了一下車，在街上兜了一圈回來，又可以有 40 分鐘的停車時間了。這位中國商人笑了起來：為什麼要兜一圈車？你把粉筆擦掉不就行了嗎？

他愣了一下，很嚴肅地說：你怎麼會這樣想？那不是撒謊嗎？稍後，他可能看出了對方的尷尬，緩和了口氣說：規則是要大家一起遵守的，我們已經習慣了，所以澳大利亞才會很有秩序。

同樣，在紐西蘭，報亭既無管理員也不上鎖，買報紙的人自行放下錢後拿走報紙。當然某些人可能取走報紙卻不付錢（背叛），但由於大家認識到如果每個人都偷竊報紙（共同背叛），會造成以後不方便的有害結果，所以這種情形很少發生。

這個例子的特別之處是，紐西蘭人並沒有被任何其他因素

影響而能夠脫離囚徒困境。並沒有任何人特別去注意報亭，人們守規則是為了避免共同背叛帶來的惡果。這就是脫離囚徒困境的方法之一，要求每個人都誠實而理智。

羅伯特・阿克塞爾羅德在其著作《合作的進化》中，探索了擺脫囚徒困境、獲得成功的幾個必要條件：

1. 友善——最重要的條件是必須「友善」，這就是說，不要在對手背叛之前先背叛。完全自私的策略僅僅出於自私的原因，也永遠不會首先打擊其對手。

2. 報復——和上面的條件矛盾是嗎？雖然要求友善，但是阿克斯洛德主張，成功者必須不是一個盲目樂觀者。要始終報復。一個非報復策略的例子是始終合作。這是一個非常糟糕的選擇，因為「下流」策略將殘酷地剝削這樣的傻瓜。

3. 寬恕——成功策略的另一個品質是必須要寬恕。雖然它們不報復，但是如果對手不繼續背叛，它們會一再退卻到合作。這阻止了報復和反報復的長期進行，最大化了利益。

4. 不嫉妒——最後一個品質是不嫉妒，就是說不去爭取得到高於對手的利益。因此，阿克塞爾羅德得到一種給人以烏托邦印象的結論，認為自私的個人為了其自私的利益會趨向友善、寬恕和不嫉妒。

　　看起來很不可思議，而且太理性化是嗎？事實上也許不是不可能：

　　1944 年的聖誕夜，兩個迷了路的美國大兵拖著一個受了傷的兄弟在風雪中敲響了德國西南邊境亞爾丁森林中的一棟小木屋的門，他的主人，一個善良的德國女人，輕輕地拉開了門上的插銷。

　　家的溫暖在一瞬間擁抱了三個又冷又餓的美國大兵。女主人開始有條不紊地準備著聖誕晚餐，沒有絲毫的慌亂與不安，沒有絲毫的警惕與敵意。因為她相信自己的直覺：他們只是戰場上的敵人，而不是生活中的壞人。美國大兵們靜靜地坐在爐邊烤火，除了燃燒的木柴偶爾發出一、兩聲脆響外，靜得幾乎可以聽見雪花落地的聲音。

　　正在這時候，門又一次被敲響了。站在滿心歡喜的女主人面前的，不是來送禮物和祝福的聖誕老人，而是四個同樣疲憊不堪的德國士兵。女主人同樣用西方人特有的方式告訴她的同胞，這裡有幾個特殊的客人。

　　今夜，在這棟彌漫著聖誕氣息的小木屋裡，要嘛發生一場屠殺，要嘛一起享用一頓可口的晚餐。在女主人的授意下，德國士兵們垂下槍口，魚貫進入小木屋，並且順從地把槍放在牆

角。

於是，1944 年的聖誕燭火見證了或許是二戰史上最為奇特的一幕：一名德國士兵慢慢蹲下身去，開始為一名年輕的美國士兵檢查腿上的傷口，爾後轉過頭去向自己的上司急速地訴說著什麼。人性中善良的溫情的一面決定了他們的感覺是奇妙而美好的，沒有人擔心對方會把自己變成邀功請賞的俘虜。

第二天，睡夢中醒來的士兵們在同一張地圖上指點著，尋找著回到己方陣地的最佳路線，然後握手告別，沿著相反的方向，消失在白茫茫的林海雪原中。

在上面這個故事中，美國士兵和德國士兵可以說是戰爭的死敵，但是由於受到客觀條件的影響，共同陷入了困境。慶幸的是，他們和女主人一起建立了一種和諧的相處關係，並最終一同走出了困境。

因為我們總是會首先考慮自己的利益，所以人與人之間的關係顯得不那麼友善。但是很多時候，在困境中，人們會摒棄自私的心理，共同合作，達到利益的最大化。

一座煤礦在凌晨突然停電，9 名礦工被迫停止作業，他們只得在漆黑的深井中等待。片刻後他們等來的不是光明，而是比停電更可怕的泥石流。洶湧而至的泥石流轟隆隆湧向他們。

囚徒困境，選擇決定勝敗

本能的求生欲望驅使他們拼命往主巷道跑，慌亂中一名礦工不小心被礦車夾住，不能動彈，另一名礦工陷入一個泥坑。黑暗的礦道裡 7 名礦工停止了奔跑，異口同聲地說：「不能再跑，救人要緊！」他們使勁把兩名同伴拉了出來，躲過了死神的第一劫。

在主巷道 50 米處他們又開始了與死神的第二次較量。泥石流滾滾向前，隨時有淹沒他們的可能。跑了一段時間後他們齊心協力用煤塊、石塊和礦車疊起一道厚厚的牆阻擋泥石流，然後趁機後退，退到主巷道 110 米處，他們找到了通風巷和氧氣源。

很顯然，在這種極度危險的處境下光有氧氣並解救不了他們。吃喝是最大的生存問題。礦井中沒有任何食物，他們同時想到了吃樹皮。一個年長的礦工決定所有的人分成三組按時間輪流到不遠外扒柳木礦柱的樹皮。第一次幾名礦工扒來的樹皮他們吃了兩天。第二次兩名礦工使出渾身力氣扒回了 6 根礦柱，然後扒下樹皮讓給大家吃。

光吃樹皮沒有水，饑餓和黑暗像猛獸一樣威脅著他們，他們的身體越來越虛弱。一個年輕的礦工冒著危險在通風巷附近找到了一個足夠可以讓他們喝很長時間的水坑，喝水時他們並

沒有只顧及自己。扒樹皮用的力氣較大，年輕的礦工扒樹皮給年長的吃；年長的用礦帽舀來水讓年輕的喝。

在漫長的黑暗中，有人困頓喪氣了，年長的礦工就會給他們講自己一生當中遭受的磨難，他說：「我一生當中經歷了多次比這更危險的大風大浪，現在我不是挺過來了嗎？人生的道路還很長，眼前的危險算得了什麼？再堅持堅持，肯定會有人來救我們的。只要有一線希望，我們就絕不能放棄！」長者的鼓勵使那些虛弱的礦工信心徒增，他們又開始了新的對抗……。

就在他們在黑暗中與死神搏鬥的同時，外面的營救人員分秒必爭的動用一切力量營救他們。8天8夜後，他們得救了。他們終於創造了生命的奇蹟。

在囚徒困境中，為了不兩敗俱傷，就要相互信任相互依賴，明白「一榮俱榮，一損俱損」的利害關係，保持一種和諧信任的氛圍，達到雙贏的結果。

21

兩害相權取其輕

很多時候，失敗往往不是因為人們太傻，而是因為自認為自己很聰明。

　　很多時候，我們不能讓自己抱有這樣的幻想：肯定會有萬全之策可以使你擺脫困境。萬全之策往往是很難找到的，或者說你根本沒有那麼多時間去思考。謹慎之道，在於知道如何分辯不同行為的結果，因此選取一個危害較小的方法。這也就是「害之中取其小」的道理。

　　就拿大家熟知的司馬光砸缸來說，撇開急中生智不談，孩子們玩耍闖了禍，大人知道了肯定是要打罵的。但淹死人是大

禍，砸壞缸是小禍，權衡一下，當然應該破缸而救人。兩害相權取其輕，是極簡單明白的道理，頭腦清醒的人都知道。但人的頭腦經常是不夠清醒的，捨近而求遠，捨大而求小，趨害而避利，狐疑而不定……都是經常發生的事。還有一種人，愛極力求全，人也要救，缸也捨不得砸，一點兒損失也不想有。這些想法都是不對的。

有一個你或許已經熟知的故事：

某一天，山頂上有四個小孩在玩遊戲，就在他們玩得最投入的時候，突然，樹林裡「嘩啦」一聲，竄出來一隻大黑熊。這隻黑熊雖然步履蹣跚，但牠慢慢地向山頂走來，這四個小孩心裡都清楚，等這隻黑熊到了山頂將會非常危險。

其中一個小孩，反應特別快，拔腿就跑。這是一個專門練短跑的小子，一口氣跑出了好幾百米。凡人遇到危機的時候，往往首先拿出自己的第一競爭力來擺脫危機。

這小子跑了很遠，感覺身後沒有動靜，自覺暫時安全了，才回過頭來向山頂望去，人通常只有在自覺安全的時候才會關心其同伴。小孩發現，他的三個小夥伴還在山頂，沒動！於是他著急了，向山頂喊：「你們三個快跑啊！黑熊上來是要吃人的。」

囚徒困境，選擇決定勝敗

第二個小孩回答說：「你說的是廢話，誰不知道黑熊要吃人，你只知道黑熊會吃人，黑熊最善於長跑，你跑有什麼用？我的第一任務不是跑，而是穿好跑鞋，繫好鞋帶，我不用跑過黑熊，反正我也跑不過黑熊，我能跑過其他人就行了！」

我們姑且不論第三個小孩和第四個小孩，因為我們的重點在這兩個小孩身上。這個故事可以有無數種解讀的方式，可以引起你的許多思考。但是在這裡，我們想要說的是——兩害相權取其輕。

前兩個小孩的反應是大部分人本能的選擇。在危險面前，人首先會考慮自己，這是本能的反應，其次才會考慮別人。第二個小孩的話尤其有意思，他說出了很多人的心思。

面對朋友和熊，你會怎麼選擇？能夠把生死置之度外的人畢竟不多，在危險面前人們總是會本能地根據「兩害相權取其輕」的原則做出選擇。不過人們面對這種生死抉擇的機會也不多。更多的時候，是面對自己的失誤時，我們該怎麼做。就像故事中的囚徒一樣，犯了錯誤，該怎麼辦呢？來看一個發生在高明的老師和聰明的學生之間的故事：

兩位交往甚密的學生在杜克大學修化學課。兩人在小考、實驗和中期考中都表現甚優，成績一直是 A。在期末考試前的

週末，他們非常自信，於是決定去參加維吉尼亞大學的一場聚會。由於聚會太盡興，結果周日這天就睡過了頭，來不及準備週一上午的化學期末考。

他們沒有參加考試，而是向教授撒了個謊，說他們本已從維吉尼亞大學往回趕，並安排好時間復習準備考試，但途中輪胎爆了。由於沒有備用胎，他們只好整夜待在路邊等待救援。現在他們實在太累了，請求教授可否允許他們隔天補考？教授想了想，同意了。

兩人利用週一晚上好好準備了一番，胸有成竹地來參加週二上午的考試。教授安排他們分別在兩間教室做答。第一個題目在考卷第一頁，占了 10 分，非常簡單。兩人都寫出了正確答案，心情舒暢地翻到第二頁。

第二頁只有一個問題，占了 90 分。題目是：「請問爆的是那個輪胎？」結果是，兩個學生同時在卷子上乖乖地向教授承認撒謊並檢討。

教授透過製造困境，讓兩個學生的謊話一下被揭穿。能在杜克大學上學的學生絕非不聰明，只是教授更高明。可以想像，陷入困境的兩個學生在做第二頁的時候，一定在心理進行了博弈分析，最終選擇了相對保險一些的「坦白從寬」。畢竟，如

囚徒困境，選擇決定勝敗

果之前沒有協商，兩個人選同一個輪胎的機率只有 25%。與其冒著繼續撒謊被拆穿的危險，還不如老實承認錯誤，這就是兩害相權取其輕。

斯汀和大衛是快遞公司的兩名職員，他們倆是工作搭檔，工作一直很認真，也很賣力。上司對這兩名員工很滿意，然而一件事卻改變了兩個人命運。

一次，斯汀和大衛負責把一件很貴重的古董送到碼頭，上司反覆叮囑他們路上要小心，沒想到送貨車開到半路卻壞了。如果不按規定時間送到，他們要被扣掉一部分獎金。

於是，斯汀憑著自己的力氣大，揹起郵件，一路小跑，終於在規定的時間趕到了碼頭。這時，大衛說：「我來揹吧，你去叫貨主。」

他心裡暗想，如果客戶看到我揹著郵件，把這件事告訴老闆，說不定會給我加薪呢。他只顧想，當斯汀把郵件遞給他的時候，一下沒接住，郵包掉在了地上，「嘩啦」一聲，古董碎了。

「你怎麼搞的，我沒接你就放手。」大衛大喊。

「你明明伸出手了，我遞給你，是你沒接住。」斯汀辯解道。

他們都知道古董打碎了意味著什麼，沒了工作不說，可能

還要背負沉重的債務。果然，老闆對他倆進行了十分嚴厲的批評。

「老闆，不是我的錯，是斯汀不小心弄壞了。」大衛趁著斯汀不注意，偷偷來到老闆的辦公室對老闆說。老闆平靜地說：「謝謝你，大衛，我知道了。」

老闆把斯汀叫到了辦公室。斯汀把事情的原委告訴了老闆。最後說：「這件事是我們的失職，我願意承擔責任。另外，大衛的家境不太好，他的責任我願意承擔。我一定會彌補我們所造成的損失。」

斯汀和大衛一直等待著處理的結果。一天，老闆把他們叫到了辦公室，對他們說：「公司一直對你倆很器重，想從你們兩個當中選擇一個人擔任客戶部經理，沒想到出了這樣一件事，不過也好，這會讓我們更清楚哪一個人是合適的人選。我們決定請斯汀擔任公司的客戶部經理。因為，一個能勇於承擔責任的人是值得信任的。大衛，從明天開始你就不用來上班了。」

「老闆，為什麼？」大衛問。

「其實，古董的主人已經看見了你們倆在遞接古董時的動作，他跟我說了他看見的事實。還有，我看見了問題出現後你們兩個人的反應。」老闆最後說。

在這個故事中，大衛和斯汀都不知道老闆已經知道事情的真實情況，採取了截然不同的做法：一個自以為是地去責怪別人；另一個則主動承擔責任。或許斯汀並沒有過多的分析和計算，但是坦白地承認錯誤避免了出現更糟糕的結局。

自認為聰明的人，往往會因為自己的精明而壞事。當你自認為謊話說得滴水不漏時，不要忽略了員警這個角色。事實上，在一個比自己高明的人面前，自作聰明是討不得半點好處的，還不如老實交代，這樣至少不會得到最糟的結果。

22

自行車賽的啟示

選擇衝在眾人前面，也就是「背叛」，往往是要付出代價的。

　　不知你是否注意到了，在每年都舉辦的環法自行車賽中都會出現這樣的場景：選手們在到終點前的路程常以大隊伍（Peloton）方式前進。

　　他們採取這策略是為了使自己不至於太落後，又出力適中。而最前方的選手在迎風時是最費力的，所以選擇在前方是最差的策略。

　　通常會發生這樣的情況，大家起先都不願意向前（共同背叛），這使得全體速度很慢，而後通常會有兩位或多位選手騎

到前面，然後一段時間內互相交換最前方位置，以分擔風的阻力（共同合作），使得全體的速度有所提升，而這時如果前方的其中一人試圖一直保持前方位置（背叛），其他選手以及大隊伍就會趕上（共同背叛）。

而通常的情況是，在最前面次數最多的選手（合作）通常會到最後被落後的選手趕上（背叛），因為後面的選手騎在前面選手的沖流之中，比較不費力。

你可以很清楚地看出來，自行車賽事的比賽策略也是一種博弈，完全可以用囚徒困境的道理來解釋。

在現實生活中，這個賽事可以給我們帶來很多啟示。衝在最前面的人，得到的阻力無疑是最大的，最後還往往會被後面的人超越。

所以，我們可以這樣說：當自己的力量不夠強大時，可以選擇共同合作走在前面或者是暫時退後，總之不要在前方廝殺；當自己的力量強大到可以抵禦外來阻力時，就可以選擇卓然出眾（背叛）。要根據自己的實力，做出對自己最有利的選擇，因為你的選擇可能就決定了你的成敗。

隋末，因隋煬帝十分殘暴，各地農民起義風起雲湧，隋朝的許多官員也紛紛倒戈，轉向幫助農民起義軍，因此，隋煬帝

的疑心很重，對朝中大臣，尤其是外藩重臣，更是易起疑心。唐國公李淵（即唐太祖）曾多次擔任京城和地方官，所到之處，悉心結納當地的英雄豪傑，多方樹立恩德，因而聲望很高，許多人都來歸附。這樣，大家都替他擔心，怕他遭到隋煬帝的猜忌。

正在這時，隋煬帝下詔讓李淵到他的行宮去晉見。李淵因病未能前往，隋煬帝很不高興，多少產生了猜疑之心。

當時，李淵的外甥女王氏是隋煬帝的妃子，隋煬帝向她問起李淵未來朝見的原因，王氏回答說是因為病了，隋煬帝又問道：「會死嗎？」

王氏把這消息傳給了李淵，李淵更加謹慎起來，他知道自己遲早為隋煬帝所不容，但過早起事又力量不足，只好隱忍等待。

於是，他故意敗壞自己的名聲，整天沉湎於聲色犬馬之中，而且大肆張揚。隋煬帝聽到這些，果然放鬆了對他的警惕。這樣，才有後來的太原起兵和大唐帝國的建立。

李淵知道自己的力量還不夠強大，時機不成熟，所以那時候他無法背叛。如果當初李淵聽了隋煬帝的話，怒火中燒馬上與之理論或採取兵變，很可能會因為準備不足，時機不成熟而

囚徒困境，選擇決定勝敗

失敗。一旦失敗，就永遠沒有機會從頭再來了。

　　但是，成者為王敗者為寇，如果你的羽翼足夠豐滿，當然也可以選擇做強悍的囚徒。

23

向聰明的員警學習

♜

面對可能出現的潛在的危機，人總是抱著「寧可信其有，不可信其無」的態度，以保證自己能夠免於陷入困境。

在「囚徒困境」中，有兩類角色，囚徒和員警。如果在現實生活中，面對某件具體的事情，你處於主動地位，那麼你完全可以向故事中的員警學習，透過利用這個博弈理論，讓競爭的雙方陷入了困境，進而降低成本，實現你自己的利益最大化。

比如說現在有一個政府專案，是公開招標選擇網路公司建立政府網站，某公司是投標者之一。

對於這個公司來說，根據過去的經驗能夠預算出接手這個

專案的真實成本是 100 萬，然而這個公司並不瞭解其他競爭對手的真實成本。

該公司根據市場行情推斷，其他公司的真實成本在 50 萬～ 150 萬元之間。從機率的角度去看，在 50 萬～ 150 萬之間的任何一個價格都有可能是最終的勝利者。我們簡化這個問題，假設每個公司的成本只能是 50 ～ 60 萬、60 ～ 70 萬……120 ～ 130 萬、130 ～ 140 萬、140 ～ 150 萬這樣的整數，總共有 10 種可能，因此最終獲得勝利的公司落在這 10 種價格區間中的任何一個的機率是 1/10。

如果這個公司報價 90 萬，很顯然，公司即使勝出，仍然要虧本 10 萬元，看來 100 萬的報價是底線，低於這個價格的報價對於該公司毫無意義。當然這只是這一機制的理想狀況。實際當中，如果價格低於成本，破壞了市場均衡，毫無疑問會影響項目品質，不但損害中標者利益，最終還會損害招標政府自身利益。

自然從理論上說，該公司投標報價一定要高於 100 萬元，不妨假設報價 120 萬，根據這 10 種價格的機率，其他公司報價低於 120 萬該公司失敗的機率是 3／5，即使開價 100 萬，該公司不能中標的機率也有 2／5。當然開價 120 萬勝出時可以賺取

20 萬利潤，而開價 100 萬時即使勝出也僅僅是能夠彌補成本而已。

　　由此可見，開出一個較高的價碼是該公司的優勢策略。每一個投標公司都這麼考慮的話，所有公司的報價都會高於實際成本，結果就是所有的開價都被人為抬高。怎樣才能讓公司投標報價接近於真實成本呢？

　　問題的關鍵在於採用某種激勵機制來促使投標者不說謊。如果有這樣一種激勵方式：就是將合約判給開價最低者，但是卻讓他付開價第二低者的價格。

　　這個時候該公司如果開出的還是 120 萬的報價並且是第二低的價碼，而另一家公司開出的價格比這個公司要低，比如是低於該公司成本價的 90 萬元，該公司最終的價格 120 萬反而成了這個勝出公司的最終項目價碼。在這種招投標方式下，任何一個公司的優勢策略就是開出一個接近其真實項目成本的價格。

　　按照博弈論的觀點，具體分析招投標行為，我們還可以發現：就像博弈的參加者獨立決策、獨立承擔後果那樣，投標各方也如同分別隔離審問，不准串供，他們相當於處在「兩難困境」中的「囚徒」，各家只能依據自身實力、期望利潤和所掌

握的市場訊息，自主報價，獨自承擔風險。

不難看出，機制設計的關鍵是如何讓每個公司的報價有利於集體選擇，並最終達到「納許均衡」。這裡其實靠的是兩個制度安排：

1. 阻止公司之間的合作。

2. 制訂了一套「坦白從寬，抗拒從嚴」的賞罰規則。

由此可見，在招投標的機制設計中，透過博弈競爭使中標價接近成本價，達到均衡合理，為招標人節約投資，提高經濟效益。透過優勝劣汰，使市場競爭力低下的投標人無力參與競爭而退出市場，讓有實力的投標人脫穎而出，使資源達到均衡配置，市場秩序得以規範。

再有，假如你是一個事業部門的經理，手下有七八個業務員。有什麼好辦法讓他們拼命幹活呢？看完了上面的文字，你一定已經想到了一個好辦法——讓他們陷入囚徒困境。一旦每個員工都覺得，拼命工作，無條件的加班是自己的最好選擇，老闆的日子就好過了。

讓員工們陷入這種困境的方法很多。比如：

✔ 威逼——按員工業績給他們評定等級，告訴他們，得分最差的扣工資。

　　✔ 利誘——得分最高的給獎金。

　　✔ 煽風點火——對小王說:「小王啊,你知道我們公司要提拔一批新的管理人員,我是很看好你的。不過你看老張,最近還經常幹到半夜,工作上十分認真呢。你現在沒有家庭負擔,可不能比他落後了,這樣我也好在老闆那給你說好話。」

　　然後對老張說:「你看人家小王,天天工作到半夜,才畢業沒多久,業績已經有聲有色了。你可是老員工了,如果成績還比不上新來的,那我怎麼向老闆推薦你啊?」

　　總之,這一套策略用下來,如果運用得好,員工能都會加班努力工作。

　　不過也不一定!尤其是如果你接管的部門成立已久,員工們都非常熟悉,有一定交情的時候,這套手段就不那麼靈驗了。工資是按月領的,員工們在進行的是無法預期次數的多次博弈。

　　有理性的員工很快就會發現,聽老闆的話只會讓自己更辛苦。漸漸的他們就會達成默契,從囚徒困境中擺脫出來:原來什麼樣還是什麼樣,能偷懶就偷懶。獎金輪流拿;拿了獎金的要大出血,安撫住其他沒拿到獎金的。

　　這時候,你會想到,找一個非理性的人來,擾亂員工們的默契。於是招聘一個任勞任怨,加班加點的「笨蛋」到辦公室,

囚徒困境，選擇決定勝敗

如果別人不努力，每個月的獎金就都給「笨蛋」。但這樣做，還是不見得有成效。因為其他員工會孤立「笨蛋」，作為對他的懲罰，這就大大增加了「笨蛋」的博弈成本。

過不了多久，「笨蛋」就會發現，或者加入到其他同事的陣營裡去；或者，到處樹敵，得到的獎金還補償不了損失，而且失去了大家的幫助，工作很難進行，獎金還是拿不了多久。於是，「笨蛋」開始變得理性，囚徒困境還是沒出現。

讓員工去跟不太容易與他們達成默契或合約的人博弈，就可以讓他們在囚徒困境中多陷一會。比如，讓員工以小組的方式相互競賽，就比對個體的激勵更有效一些。甚至可以讓自己的部門和處在異地的同性質部門競爭，這樣的兩個部門人員因為沒什麼在一起相處的機會，是很難達成協定的。這樣就可以幫你成功地製造出「困境」。

還有一種很特殊的情況，可以利用不在場的第三方設置困境，來看一個故事：

你一定知道，春秋時楚國傑出的軍事家伍子胥，有過一段逃亡生涯。因為政治原因，他的父親和哥哥都被楚王殺害了，伍子胥隻身逃往吳國。

在逃亡中，伍子胥在邊境上被守關的斥候抓住了。

斥候對他說：「你是逃犯，我必須將你抓去面見楚王！」

伍子胥說：「楚王確實正在抓我。但是你知道楚王為什麼要抓我嗎？」

斥候冷冷地說：「我沒必要知道，你是逃犯，我就可以抓你去領功取賞。」

伍子胥從容自若地說：「不，你需要知道。因為有人跟楚王告密，說我有一顆價值連城的寶珠。楚王一心想得到我的寶珠，可是我的寶珠已經不見了。楚王不相信，以為我在欺騙他。我沒有辦法了，只好逃跑。」

斥候冷笑說：「寶珠丟了，至少我還抓住了人，我想楚王還是有賞賜的。」

伍子胥搖頭說：「這，你又錯了，現在你抓住了我，還要把我交給楚王，那我會在楚王面前說是你奪去了我的寶珠，並吞到肚子裡去了。楚王為了得到寶珠就一定會先把你殺掉，並且還會剖開你的肚子，把你的腸子一寸一寸地剪斷來尋找寶珠。這樣我活不成，而你會死得更慘。」

斥候信以為真，非常恐懼，覺得沒必要以命相搏去換取那一丁點的賞賜，於是趕緊把伍子胥放了。伍子胥終於脫險，逃出了楚國。

　　這個故事可以算是囚徒博弈的一個精彩注解，面對可能出現的潛在的危機，人總是抱著「寧可信其有，不可信其無」的態度，以保證自己能夠免於陷入困境。

24

商戰中的真假囚徒

♜

「囚徒困境」的內涵在於，對大家最合理和有利的做法是大家都遵守遊戲規則，進而達到「雙贏」的目的。

在商業往來中，如果一家企業不遵守遊戲規則，那麼與它合作的企業依然遵守規則的話，自然就會蒙受損失。權衡利害，後者最後也會選擇違反規則。這樣，雙方都選擇了非理性的完全競爭模式，這種完全競爭的均衡就成為「納許均衡」，一種「零和博弈」。

結果如何呢？當然是你耍了我，我也得騙你，我不好，你也別想好。結果大家的交易成本大幅提高，形成「雙輸」的結

果。

我們經常見到的惡性價格競爭，便是「囚徒困境」的「非合作均衡」的現實寫照。

惡性價格競爭有兩種表現：

✔ 一種是低價傾銷，即少數實力雄厚的大型企業，利用自己在資金、技術、規模等方面優勢，為了排擠競爭對手或者長期獨佔市場，階段性地以低於成本的價格銷售商品或提供服務。

✔ 第二種是低價混戰，即有些中小企業，雖然不一定具有規模經濟或技術上的優勢，但卻具有成本與經營上的優勢，透過降低產品品質以迎合低消費的需求，或利用消費者對產品品質不易鑑別的特點，以次充好，進行低價銷售，其他同類企業為了生存也只好加入價格大戰，使價格一降再降，陷入怪圈。

處於價格戰中的各個商家，當然是真的囚徒。如果要解開這個困境，需要所有的參與者把眼光放得長遠些，積極參與行業自律，那樣才能出現「共贏」的局面。

但是除此之外還可以做些什麼呢？

前面我們說了，如果你處於主動地位，可以設置困境，為自己爭取到最大利益。但是如果你並非處於支配地位，是不是就沒有辦法了呢？當然不是的，你同樣可以利用這個博弈理論

為自己帶來好處。

聰明人總是有辦法的。面對這個棘手的兩難困境，有的聰明人竟然可以製造出囚徒困境的假像，讓自己成為「囚徒」，進而解決自己商品銷售的難題。他們是怎麼做的？

在美國，有兄弟倆開了個服裝店，由於店的門面不大，哥哥就在外面推銷衣服，弟弟在店的另一頭負責結帳。

顧客買衣服的時候，都要討價還價，讓來讓去，每當顧客和這個哥哥砍價的時候，哥哥就會對顧客說，你去櫃檯那邊結帳吧！

於是顧客就拿著衣服到櫃檯那邊，這時候弟弟看看衣服的標籤說：等等！我問問這衣服最後砍到多少錢了。於是弟弟就大聲對哥哥喊著問衣服價錢，哥哥就在另一頭喊著告訴他。顧客不解，便問他們為什麼要這麼大聲地喊。弟弟說，因為他的耳朵聽力不好，所以需要大聲問哥哥好幾遍。

這位顧客在他們互相問價格的中間發現，弟弟結帳時候，收的錢都要比哥哥告訴他的要少一些，這位顧客還以為自己撿了個便宜，於是趕快拿出錢付完款後，收起衣服就走了，生怕弟弟再問。

以後一傳十，十傳百，兄弟倆耳背賣衣服的事就傳開了。

囚徒困境，選擇決定勝敗

好多顧客都到這家店來買衣服，發現還真是這樣，每次弟弟結帳的時候，和哥哥傳遞的消息總是發生錯誤，每次價格都比原來聽到的低，於是到這個店裡買衣服的人是越來越多。

這個經典的假借囚徒困境打開銷路的案例，後來被複製和改良，催生出了另外一個經典的案例：

費城西區有兩個互為敵手的商店——紐約廉價品商店和美國廉價品商店。他們正好緊臨著，兩店的老闆是死對頭，他們一直進行著沒完沒了的價格戰。

「出售愛爾蘭亞麻床單，甚至連有鷹一般眼睛的貝蒂·瑞珀女士都不能找出任何疵點，不信請問她；而這床單的價格又低得可笑，只需 6 美元 50 美分」。

當一個店的櫥窗裡出現這樣的手寫告示時，每位顧客都會習慣地等另一家廉價品商店的回音。

果然，大約過了兩小時，另一家商店的櫥窗裡出現了這樣的告示：「瑞珀女士該配副近視眼鏡了，我的床單品質一流，只需 5 美元 95 美分」。

價格大戰的一天就這樣開始了。除了貼告示以外，兩店的老闆還經常站在店外尖聲對罵，經常發展到拳腳相加，最後總有一方的老闆在這場價格戰中停止爭鬥，價格不再下降。罵那

個人是瘋子，這就意味著那方勝利了。

　　這時，圍觀的、路過的，還有附近每一個人都會擁入獲勝的廉價品商店，將床單和其他物品搶購一空。在這個地區，這兩個店的爭吵是最激烈的，也是持續時間最長的，因此竟很有名聲，住在附近的每個人都從他們的爭鬥中獲益不少，買到了各式各樣的「精美」商品。

　　突然有一天，其中一間店的老闆死了，幾天以後，另一個店的老闆聲稱去外地辦貨，這兩家商店都停業了。過了幾個星期，兩個商店分別來了新老闆。他們各自對兩個商店前任老闆的財產進行了詳細的調查。

　　一天檢查時，他們發現兩店之間有條祕密通道，並且在兩商店的樓上，兩老闆住過的套房裡發現了一扇連接兩間房子的門。新老闆感到很奇怪，後來一瞭解才知道，這兩個死對頭竟是兄弟倆。

　　原來，所有的詛咒、謾罵、威脅以及一切相互間的人身攻擊全是在演戲，每場價格戰都是裝出來的，不管誰戰勝誰，最後還是把另一位的一切庫存商品與自己的一起賣給顧客。

　　真是絕妙的騙局。你可以看到，博弈理論在生活中還是很有實際價值的，囚徒困境居然可以如此靈活地運用。光怪陸離

的商業社會中，各個商家都會使盡渾身解數。如果你是消費者，面對別人表現出來的困境時，就應該想一想到底是真還是假。

別做最後一個傻子

博奕高手

養成手冊

第五章
髒臉博弈，眼睛緊盯自己

　　與其盡力去瞭解世界，不如多瞭解自我。因為人對世界的瞭解是永無止境的，也永遠不可能足夠，只有自己對每個人來說才是最切身的。

　　但認清自己往往是困難的，我們可以很明白地看清別人，卻總是不能認識自己。實際生活中，環境、別人、自己，三者的關係密不可分。所以，以己推人，以人推己，不斷衡量周圍環境以及別人與自己的關係，可以幫你更好地認清自己，做出最佳策略。

25

誰的臉是髒的

♜

事實是，現實世界中，我們也常常如此，只能認識別人，無法看清自己。

　　兩個人坐在一起，每個人都因為看到對方臉上被塗黑而發笑，於是他們一起笑，過了一會兒，又一起不笑了。你明白為什麼了吧？

　　三個人成三角形面對面坐，主持人進來說：你們當中至少有一個人臉是髒的。這時，沒有人臉紅。主持人又說：你們知道他是誰嗎？三個人同時發現自己臉是髒的而臉紅了。你知道是為什麼嗎？

髒臉博弈，眼睛緊盯自己

　　下面我們就來看髒臉博弈。這是博弈論中另一個著名的例子。說的是：

　　一個房間裡走進來三個人，三個人的臉都是髒的，但是他們自己卻並不知道自己臉髒，他們能看到別人，卻不能看見自己的情況。這時候有一個美女進來了，並且好意提醒他們說：「你們裡面至少有一個人的臉是髒的。」這三個人聽完之後互相看了看，沒有任何反應。

　　美女這時候看了他們一眼，繼續問了一句：「你們知道嗎？」這三個人再次打量了對方一眼，突然都意識到自己的臉是髒的，三個人的臉都一下子都紅了。

　　這又是為什麼呢，這三個人都沒有看見自己的臉，但是也意識到了自己的臉是髒的。

　　其實這也很好解釋的，如果這三個人裡面只有一個人臉是髒的，那麼髒臉的那個人就能輕易看見別人的兩張乾淨臉，但是都沒有看到這樣的事情。而且這三個人都明白一個道理，那就是他們三個人裡面臉髒的那人看見了就會臉紅。但是遺憾的是，在美女第一次的提醒之後沒有人臉紅。

　　這時候咱們再來往下推，這三個人現在知道了至少他們有兩個人臉是髒的，當大家都明白這個道理的時候，那麼如果只

有兩個人髒臉，那麼這時候髒臉的兩個人就只能看見一個人是髒臉，那麼這兩個人就會意識到自己的臉不乾淨，那麼這兩個人必然會臉紅。可是這樣的現象也沒有發生，那麼剩下的就只有一種可能性了，那就是三個人的臉都是髒的。

這就是著名的共同認知理論了。什麼是共同認知呢？用通俗一點的話來講就是對一個事件，如果所有的博弈當事人對事件都有瞭解，並且所有的當事人都知道其他當事人也知道這件事情，那麼這樣的事件就是共同認知。

在髒臉博弈的故事裡面，美女的後面一句話就是使所有的參與人員都事先知道的事實成為一種共同認知。於是他們透過對全盤事物的瞭解，認識到了自己的髒臉。

拿「國王的新衣」來說。實際上所有的人從國王到大臣，從騙子到觀眾都知道國王沒有穿衣服，但他們的「都知道」並不能讓他們說出這個事實，因為有著個人的利益。換句話說「都知道」並不是重要的，不能產生什麼行為，因為改變不了我們的現狀。

知道國王沒穿衣服的人們，之所以不敢說出他們知道的事實，是因為他們不知道其他人知不知道他知道！「共同知識」可以改變均衡狀態，那個小孩的清脆聲音，之所以格外有力量，

髒臉博弈，眼睛緊盯自己

是因為給大家建立了「共同認知」，於是國王自己也知道別人知道他自己知道沒穿衣服了。

這就是共同認知的作用，它的作用顯得有點可怕的強大。下面這個故事可以進一步讓你明白「髒臉博弈」的推理過程。

故事發生在一個村莊，村裡有 100 對夫妻，他們都是優秀的邏輯學家（智慧的）；村裡有一些奇特的風俗：每天晚上，村裡的男人們都將點起篝火，繞圈圍坐舉行會議，議題是談論自己的妻子。

在會議開始時，如果一個男人有理由相信他的妻子對他總是守貞的，那麼他就在會議上當眾讚揚她的美德。另一方面，如果在會議之前的任何時間，只要他發現他妻子不貞的證據，那他就會在會議上悲鳴痛哭，並請求神靈嚴厲地懲罰她。再則，如果一個妻子曾有不貞，那她和她的情人會立即告知村裡除她丈夫之外所有的已婚男人（奇異的傳統風俗）。所有這些傳統和風俗都是村民的共同知識。

事實上，每個妻子都已對丈夫不忠。於是每個丈夫都知道除自己妻子之外其他人的妻子都是不貞的女子，因而每個晚上的會議上每個男人都讚美自己的妻子。

這種狀況持續了很多年，直到有一天來了一位傳教士。傳

教士參加了篝火會議，並聽到每個男人都在讚美自己的妻子，他站起來走到圍坐圓圈的中心，大聲地提醒說：「這個村子裡有一個妻子已經不貞了。」在此後的 99 個晚上，丈夫們繼續讚美各自的妻子，但在第 100 個晚上，他們全都悲鳴痛哭，並請求神靈嚴懲自己的妻子。

為什麼會有這樣的結果？首先要明確，任何一個丈夫都知道除自己妻子以外的其他女人的真實忠貞狀況，若只有一個妻子不貞，她的丈夫能夠立刻知道這個不貞的女人就是自己的妻子，因為她的丈夫知道沒有另外的不貞女人，若有的話他是知道的。既然如此，那麼在傳教士訪問後的第一個晚上，丈夫 A1 沒有哭，那就意味著確實存在一個女子不貞，若這個女人是丈夫 A1 的妻子，那麼他當晚便會哭泣。但事實是他並沒有哭，說明 A1 推斷這個不貞的女人是他所知道的除自己妻子外的 99 個女子其中之一。

對每一個丈夫 An 均是如此，他們既知道這個不貞的女子不是自己的妻子，也知道其他丈夫知道這個女子也不是他們的妻子。由此，從「第一個晚上沒有男人哭」中可推斷出：有兩個女子已經不貞。

在傳教士走後的第二天晚上，既然已推斷出有兩個女子不

貞，而 A1 只知道一個，那另一個就是自己的妻子，故丈夫 A1
應該在「第二個晚上哭」。然而第二個晚上「丈夫 A1 也沒有
哭」，由此丈夫們推斷出：已有三個女子不貞。

　　由歸納法可以證明，對於 1 和 100 之間的任意正整數 k，
如果恰有 k 個妻子不貞，那麼在傳教士走後的連續 k-1 個晚上，
所有的丈夫照樣各自稱讚自己的妻子，但在第 k 個晚上，k 個
不貞妻子的丈夫會悲鳴痛哭，於是，在 99 個讚揚之夜過後的第
100 個晚上，每個丈夫都知道一定有 100 個不貞的妻子。不幸
的是包括自己的妻子在內！

　　這是一個「由己及人，由人及己」的無限推理過程。我們
並不是要普及數學知識，只是希望博弈理論的精髓可以更好地
在生活中得到運用。透過博弈論，「認識你自己」。

　　上面兩個故事中，人們都清楚別人的狀況，但唯獨不清楚
自己的情況。當某個人點醒他們，讓他們所知道的成為一種共
同知識之後，他們透過分析認識到了自己的真實情況。

　　而且我們還缺乏那個一語驚醒夢中人的提醒者。所以，我
們更難認清自己。

26

你的鏡子在哪裡

♖

每個人都想找到適合自己的鏡子，但其實每個人都有那面鏡子，那就是你自己。

「認清你自己」，這是刻在古希臘神廟石牆上的話。當希臘哲學家蘇格拉底，將「認清你自己」這個教訓，讓他的學生們永銘於心的時候，他的意思無疑是讓他的學生們對自我作一番忘我、冷靜、客觀的分析，以尋找改進自我的方法。但是該怎樣正確地認識自我呢？

蘇軾說過：「人之難知，江海不足以喻其深，山谷不足以配其險，浮雲不足以比其變。」認識別人是這樣，認識自己也

髒臉博弈，眼睛緊盯自己

同樣如此。要知道臉髒不髒，很簡單，找個鏡子來就可以了。要認清自我很複雜，但只要找到合適的鏡子，問題也就迎刃而解。只是，鏡子在哪裡？

愛因斯坦小時候是個十分貪玩的孩子，他的母親常常為此憂心忡忡。母親的再三告誡對他來說如同耳邊風。

直到 16 歲那年的秋天，一天上午，父親將正要去河邊釣魚的愛因斯坦攔住，並給他講了一個故事，正是這個故事改變了愛因斯坦的一生。

父親說：「昨天我和我們的鄰居傑克大叔去清掃南邊的一個大煙囪，那煙囪只有踩著裡面的鋼筋踏梯才能上去。你傑克大叔在前面，我在後面。我們抓著扶手一階一階的終於爬上去了，下來時，你傑克大叔依舊走在前面，我還是跟在後面。後來，鑽出煙囪，我們發現了一件奇怪的事情：你傑克大叔的後背、臉上全被煙囪裡的煙灰弄黑了，而我身上竟連一點煙灰也沒有。」

愛因斯坦的父親繼續微笑著說：「我看見你傑克大叔的模樣，心想我一定和他一樣，臉髒得像個小丑，於是我就到附近的小河裡去洗了又洗。而你傑克大叔呢，他看我鑽出煙囪時乾乾淨淨的，就以為他也和我一樣乾乾淨淨的，只草草地洗了洗

手就上街了。結果，街上的人都笑破了肚皮，還以為你傑克大叔是個瘋子呢。」愛因斯坦聽完，忍不住和父親一起大笑起來。

父親笑完後，鄭重地對他說：「其實別人誰也不能做你的鏡子，只有自己才是自己的鏡子。拿別人做鏡子，白癡或許會把自己照成天才的。」

每個人心中都有衡量事物的標準，也就是每個人都擁有一面鏡子。透過這面鏡子，我們辨別出了美與醜、對與錯、是與非、善與惡。但是每面鏡子又有每面鏡子的不同，就像一件藝術品，被某個人認為最美妙的地方，可能會被另一個人斥為最糟糕的敗筆。

即使這樣，我們也不能只一味的把別人的意見當作評判自己的標準，因為別人不是你的鏡子。

鯽魚的美味，全靠魚鱗傳遞，食用的時候也不能去鱗，鯽魚的體形跟鯉魚差不多，牠在誤入漁人的網眼時，其實只需稍稍後退，就可以逃掉，但牠太愛惜自己的美麗鱗片，仍不顧一切往前，結果被網住。

刀魚外形如匕首，肉極細嫩，有小刺上千，脊上有堅硬密集的魚鰭。當牠發現鯽魚上當時，吸取同伴教訓，迅速後退。豈知，這是適得其反，魚鰭被網目死死卡住，自絕了生路。而

只需繼續往前遊去，就可以穿過網眼活命。

　　河豚呢，身上沒有鱗片，也沒有硬鰭，只是表皮上有密密的釘刺。牠看到鯽魚進是死，刀魚退亦是死，於是當網目卡住它時，便拼命地給自己鼓勵、打氣，一下子肚皮滾圓，試圖脹斷網目，結果連漁網一起浮出了水面，被人們輕而易舉地捕獲。

　　別人的經驗不一定適合你，別人的教訓也不一定值得你吸取。當我們學習一種經驗的時候，要根據自己的具體情況靈活運用，察境而動。命運其實就掌握在我們手中。

　　別人的意見需要聽取或接受，但不要盲目的跟從。在生意場上，最忌諱的就是盲目地模仿別人的東西。別人把資金投入到某一產業中去，你也把資金投入到某一產業中去，別人投資多少，你也投資多少。這樣做的結果往往是希望付諸東流。

　　有時候，我們需要借鑑別人成功的經驗，分析別人的學習方法，但不要把它們照抄照搬，要結合自己的實際情況，加以修改，去除糟粕，提取精華，變成適合自己的策略。

　　對待一切事情，都要用理性的頭腦去分析和判斷——思考，但絕不盲從。因為每個人都會對相同的事物提出一些不同的看法，所以要以自己為尺度去衡量事物，切記：別人不是你的鏡子。

在日常生活中，我們既不可能時時刻刻都去反省自己，也不可能總把自己放在局外人的地位來觀察自己，於是只能借助外界資訊來認識自己。

正因如此，每個人在認識自我時很容易受外界資訊的暗示，迷失在環境當中，受到周圍資訊的暗示，並把他人的言行作為自己行動的參照。

心理學中有一個「巴納姆效應」，指的就是這樣一種心理傾向，即人很容易受到來自外界資訊的暗示，因而出現自我知覺的偏差，認為一種籠統的、一般性的人格描述十分準確地表現了自己的特點。所以，才會有了上面的故事。

人如果只看別人是認識不了自己的。要知道自己的臉髒不髒，只有在鏡子中看，才知道自己究竟是什麼情況。

愛美的女孩子都喜歡照鏡子，不管走到哪裡帶著一個，以便隨時可以看到自己的頭髮是否還保持整齊，臉上是否還保持乾淨。

可是每個女孩子還知道一個事情，就是選擇鏡子的時候並不是一件容易的事情，並不是每個鏡子都可以用的，一些鏡子就照不出真實的自己。

就像哈哈鏡一樣，也許你在鏡子裡面看到的臉比真實的自

髒臉博弈，眼睛緊盯自己

己臉要圓，或者買衣服的時候你會在鏡子裡面看見一個更瘦的自己，自己雖然滿心歡喜，但是那不是真正的自己，自己欺騙自己是沒有用的，我們要做的是找到一面客觀的、合用的鏡子。

生活中的鏡子也這樣，你沒有找對的話，照出來的自己可能完全不符合自己的形象，就像愛因斯坦父親的故事一樣，傑克大叔和愛因斯坦父親都以對方作為鏡子，可是都不知道對方是一個不合適的鏡子，其結果讓人啼笑皆非。

古時就有很多這樣的評價。當魏徵死後，李世民「親臨慟哭」，並對侍臣說：「夫以銅為鏡，可以正衣冠；以古為鏡，可以知興替；以人為鏡，可以明得失。朕常保此三鏡，以防己過。今魏徵殂逝，遂亡一鏡矣！」

李世民有諍臣魏徵為鏡，你也可以有摯友為鏡。肯客觀指出你缺點的朋友，才是你真正的朋友，才有可能成為你的鏡子。

每個人都想找到適合自己的鏡子，但其實每個人都有那面鏡子，那就是你自己。你的鏡子只能是你自己，良師益友的忠言只能起輔助作用。所以要想認清自己，必須時時叩問自己的心靈。和別人接觸時，你是在用自己的大腦思考判斷，還是僅僅根據視覺做出反應？

一個智者眼中的事物和一個普通人眼裡的事物不是一個概

念，他們關注的東西不同。平時靜下心來多讀一些知識性高的東西，多思考。給你的大腦填入什麼，就會從中產出什麼。你的思想越深邃，眼界越寬廣，對自己的認識也就越清楚。

27

真的是她錯了嗎

任何時候都要記得：忠言逆耳，但利於行。

彼得小時候家裡很窮，父母又在他剛上大學時相繼去世，但是這一切並沒有擊倒他，反而讓他堅強起來。彼得經過一段時間的努力，好不容易才供自己和弟弟加里上完了大學。大學畢業後彼得又憑著他的勇氣和才華，在紐約開了一家廣告代理公司，幾年的辛苦努力，事業蒸蒸日上，他成為當地的富商和成功人士。

有一天，彼得來到弟弟加里所居住的城市波士頓，住進了一家旅館。他沒有料到就在這一天，三通電話竟改變了他的生

活和他的一些做人處世觀念。

剛剛住下，他就急著給弟弟家撥了電話，電話是弟媳安妮接的，他以命令的口吻要求弟弟加里和安妮一定要來和他共進晚餐，他希望今晚就能見到他們。

「不，謝謝了。」弟媳馬上說，「加里今晚有商務洽談，我也正忙得很。這樣吧，如果他打電話回家，我會要他給你回個電話的。」

他聽出，她的話中有不屑的味道。他不在乎地聳聳肩，然後打了電話給一個大學的老朋友，請他共進晚餐。這位朋友的回答使他感到震驚：「加里和安妮恰好今晚請客做東，我們一起去，在哪裡會面？」

他感到非常困惑和尷尬，甚至有些生氣。當他剛剛放下聽筒，電話鈴又響起來。

「哥哥嗎？我是加里，你好嗎？非常抱歉，今晚我實在抽不開身，明天一起吃飯怎麼樣？」

他幾乎不相信這是弟弟親口說的話，他只好隨口答應。父母去世以及後來加里讀大學的日子裡，彼得既是兄長又當父親，拼命地賺錢供弟弟上大學。自從加里結婚以來，他們倆自然不那麼親密了，而彼得對弟弟這樁婚事的失望態度也從未改變。

髒臉博弈，眼睛緊盯自己

在他看來，安妮在心智上比加里差得太遠。加里是個學者，歷史學教授，安妮只是個普通職員，根本配不上弟弟。

為什麼他們要對他撒謊？彼得一夜難眠。第二天，他就急急開車來到弟弟家。

安妮一開門，他開口就問：「昨晚你們為什麼不請我？」

「彼得，我對此非常抱歉。加里本來要請你，但我告誡他，我們最好不要把好好的聚會給毀了，你準會把一切給毀了的。」

「妳怎麼能這麼胡說？」彼得生氣了。

「因為這是事實。彼得，你為什麼就沒想到我們遷居波士頓不為別的，就是為了要擺脫你呢？你是個成功人士，處處要引人注目。只要你在身邊，加里就感覺是在你的陰影之下。凡加里要說的每句話、要表達的每個意見、想說的每件事，你都要他符合你的意願，甚至你對他的每個做法都要提出不同意見。這也不行那也不行。你認為你辛辛苦苦地供他上了大學，他就該一切都徵求你的意見，甚至必須聽你的，在你面前他相比之下像個傻瓜。

昨晚的聚會，大學校長也出席了。我們希望加里能得到升遷，而你若在的話，總是將自己凌駕在加里之上，為什麼你偏要來出風頭，壞別人的事呢？這就是我決定不邀請你的原因。

193

我早知道你是如何看待我的，但我可以告訴你一件事：我盡力使加里快樂。這一點你就從來做不到！」

「我並不像妳所說的那樣！」彼得連吼帶叫說。

「是嗎？」安妮悲哀地說，「你也應當有自知之明了。」

這件事令彼得很苦惱，但他不明白為什麼會這樣。幾天後，彼得來找他的朋友、心理醫生愛德文。

「這件事一直讓我不得安寧，我不知道該怎麼做，」彼得說，「那個女人是我的死對頭，我絕不能讓她離間我和加里，得想個解決的辦法。」

愛德文醫生看著彼得，「其實，問題出在你這，不過解決的辦法我有，」他說，「只是怕你接受不了，不喜歡罷了。你的弟媳給你的忠告也許是最好的：要有自知之明。與其他人一樣，你不是一個人，而是三個：你自以為你是什麼樣的人；在別人眼中你是什麼樣的人；最後，真實的你又是什麼樣的人。一般說來，那個真實的『我』，沒有人知道。你為什麼不試試和他熟悉一下呢？你的生活將會因此而全盤改觀的。」

彼得憂鬱的臉上露出痛楚的表情。後來他終於問：「我該如何開始呢？」

愛德文醫生建議他：面對自己，在開口或行動之前，先與

髒臉博弈，眼睛緊盯自己

自己的最初想法或衝動較較勁。

那天晚上，彼得與幾個熟人一起去吃飯。其中一位開始說笑話，而這笑話彼得早就聽過，所以他眼光飄移，顯得漫不經心。他想到另一個更有噱頭的趣聞。他心癢難熬，恨不得那人立刻閉嘴，好讓自己開口。

突然，他心中凜然一驚，記起愛德文醫生的告誡，而安妮的話又一次在他心中響起：「凡加里要說的每句話，要表達的每個意見，想說的每件事，你都要他符合你的意願，甚至你對他的每個做法都要提出不同意見……」

當大家都笑起來時，彼得開口說：「妙極了，你說得真是太精彩了。」那位說笑話的人投給他感激的一瞥，表示領情。

這小小的經驗正是彼得向自己挑戰的起點。諸如此類的事，他又在自己身上發現不少，他總是有意無意地批駁他人，阻止他人，總是認為只有自己的想法是對的，這使他深感惶恐。他多嘴饒舌，常常添枝加葉以便使自己的言談更吸引人；他甚至不顧朋友的情分，隨口加以貶損。

更令他震驚的是，他居然對遭遇不幸者幸災樂禍，對成功者充滿嫉妒。越是深入瞭解自己，他越感到不能容忍自己的缺點。

兩周後，他腋下夾著小包裹，又來到愛德文的辦公室。他向醫生講述了自己的發現。「那麼，你對弟媳的看法如何，你還生她的氣嗎？」愛德文醫生問。

他告訴愛德文，他為自己的行為深感悔恨，沒有資格去恨任何人了，「我現在打算再去波士頓一趟，這小包是我為侄兒帶去的生日禮物。我本打算給他買一架價值 5000 元的照相機，但我立刻意識到，這昂貴的禮物會把他父親可能給他的普通禮物比下去的，這樣不好。而這一包禮物卻是金錢買不到的。」

安妮給他開門時眼中露出疑惑的表情，彼得臉上帶著微笑。一會兒，他與侄兒坐在客廳的地板上，他的膝蓋上攤著打開的禮物：那是一個黑本子，破舊的封面上看不見書名。

「這是一本剪報簿。」彼得對孩子說，「我珍存它已經好多年了。我將有關你父親的東西都貼進去：他在中學時曾獲游泳冠軍，我將體育的報導剪下來貼進去，這是相片。當報導說他在海上迷失時，許多人寫信來詢問他的消息。這是我保存的那些信件。這裡還有一封信，是我世上第二要好的朋友寫的，你看，這信上說，『你』也就是指我，才華橫溢，可你弟弟加里卻有著溫柔的心腸。這是更可貴的。」

當孩子讀著信時，四周一片寧靜。安妮轉過身，走向窗。

突然，孩子問：「那麼這世上，誰是你第一要好的朋友呢？」

「就是窗前站著的這位太太，」彼得說，「好朋友敢給你講真話，而你母親就是這麼做的。當我最需要的時候，她給了我忠告，讓我認識到了自己的缺點。我怎麼感謝她都永遠不夠。」

安妮還做了一件讓彼得感懷一生的事——她用雙臂摟著彼得的脖子，給了他一個姐妹式的親吻。

無論是在工作、學習還是在生活中，我們常常會犯一些錯誤，做錯一些事情。有一些錯誤我們自己就可以輕而易舉地察覺到；有一些需要我們費些力氣才能察覺到；還有一些，如果沒有人提醒，我們可能永遠都不會察覺。

誰都知道，對於錯誤，如果我們能夠及時地發現並加以改正，就可以將過錯的負面影響降到最低，甚至可以採取一些措施彌補自己的過失。並且我們還可以從錯誤中吸取教訓，學習經驗，增長知識。這樣我們以後就不會重複同樣的錯誤。

請不要對別人的批評甚至指責大為惱火，想一想別人的話是否有道理。

28

學會反省自己

審視天地歲月，可收穫哲思；審視世事人生，可增添睿智；審視文化歷史，可厚實底蘊；而審視自身得失，可完善自我。

有個太太多年來不斷抱怨對面太太很懶惰，「那個女人的衣服永遠洗不乾淨，她晾在院子裡的衣服，總是有斑點，我真的不知道，她怎麼連衣服都洗成那樣……」

直到有一天，有個明察秋毫的朋友到她家，才發現不是對面的太太衣服洗不乾淨。細心的朋友拿了一塊抹布，把這個太太窗戶上的灰漬抹掉，說：「看，這不就乾淨了嗎？」原來，是自己家裡的窗戶髒了。

髒臉博弈，眼睛緊盯自己

有一隻烏鴉打算飛往東方，途中遇到一隻鴿子，雙方停在一棵樹上休息。鴿子看見烏鴉飛得很辛苦，關心地問牠要飛到哪裡去。

烏鴉憤憤不平地說：「其實我不想離開，可是這個地方的居民都嫌我的叫聲不好聽。所以我想飛到別的地方去。」鴿子好心地告訴烏鴉，「別白費力氣了！如果你不改變你的聲音，飛到哪裡都不會受到歡迎的。」

從這兩個小故事中，你有沒有讀出什麼？眼睛長在我們自己身上，但是我們看不到自己，我們只能用它來看世界，看別人。這是生理特徵，我們沒有辦法改變。但是我們不應該養成這樣的心理特徵，只看到別人的優點缺點，而不肯正視自己的得失。

吃飯時，一個 8 歲的孩子用一小塊麵包逗小狗玩，狗跳起來撞翻了他手中的盤子，盤子碎成幾塊。

男孩對父母說：「你們看見了，是小狗打碎了盤子，不是我的錯。」

母親說，盤子確實是小狗撞翻的，可是你有沒有錯？

男孩大叫：「是小狗的錯，不是我的錯。」

父親過來叫男孩離開餐桌到他自己的房間裡去，想想自己

究竟有沒有錯。

　　十幾分鐘後男孩走出房間說：「小狗有錯，我也有錯，我不該在吃飯時逗狗，這是你們多次對我說過的。」

　　父親笑了：「那麼今天你就該為自己的錯承擔責任：收拾餐桌，並拿出零用錢賠這個盤子。」

　　這是發生在法國一個普通家庭的一幕，法國人從小就注意培養孩子的自我反省意識。他們認為，碰上了不愉快的事再去強調客觀於事無補。這時，應該捫心自問自己有沒有錯或怎樣避免下次再犯同樣的錯誤。法國人極少在公共場合吵架，可能與這個民族長期奉行的自我反省習慣有關，它讓人的修養越來越好，最大限度地減少人際交往中的摩擦。

　　有一個人整日埋怨生活不順利，好像不如意的事情都發生在他的身上。有一天，他發牢騷地說：「為什麼命運之神要這樣捉弄我？」

　　沒想到，他的話被命運之神聽到了，命運之神對他說：「其實這與我沒有關係，只是你忘了生活中一個重要的環節，抓住了這個環節，你就會事事如意。」那人請教命運之神是什麼環節，命運之神說：「把反省自己當成每日的功課。」

　　所謂反省就是反過來審查自己，檢討自己的言行，看有沒

髒臉博弈，眼睛緊盯自己

有要改進的地方。「金無足赤，人無完人」，每個人都有缺點，都會犯錯，為什麼不靜下心好好看看自己，反省一下自己呢？

為什麼要提醒你把眼光放在自己身上呢？正是因為大部分人都不知道該這樣做，或者知道卻做不到。我們看別人的錯誤清清楚楚，於是我們懂得好心地提醒別人，但是我們往往不能看到自己的缺點，不懂得提醒自己。

有一對夫婦因偷盜而被示眾，人們萬分憤怒，指責與漫罵的聲音像大海的海浪一樣，一浪高過一浪，有人竟然還提議用石塊將他們打死，並且人們都同意這樣做。正當他們準備用石塊砸向這對夫婦時，耶穌路過廣場。面對這種情況，他想了想便對憤怒的群眾說：「好吧，那麼就要我們當中從來沒犯過一次錯誤的人扔第一塊石頭。」結果群眾都不說話了。

「沒有人定你們的罪嗎？那麼我也不定你們的罪吧！」耶穌對那對夫婦說。

不要看不到自己的過錯，只會去追究別人的過錯。指責別人已成為我們的習慣，但我們卻往往看不到自己身上的缺點。人人都犯過錯誤，但很少有人能反省自己，改正錯誤。大多數人就是因為缺少審視自己的習慣，所以始終看不清自己的本質。

一個人如果能多看看自己，多檢查自己，就可以隨時發現

自己不斷變化中的長短得失。若是正確，以後可以繼續；如果是錯的，就立刻加以修正。

我們都需要鏡子，就是為了看看自己。可是，除了檢視我們的外表，我們的心靈也需要鏡子。我們的心靈需要時時審視。想想看，有時候他人無禮的行為是因你而起的，也許你自己都未意識到不經意散發的資訊對別人所造成的影響。想想自己與別人的交往模式，你是否打斷過別人的發言？你是否對他人的幫助真誠地表達謝意？你是否己所欲而不施於人？己所不欲反而施於人呢？

眼睛不僅僅是用來丈量別人，觀察世界的，我們也要學會把眼光放在自己身上，好好審視自己，清醒認識自己，這樣才能走好。

這是孔子的一句話：「躬自厚，而薄責於人，則遠怨矣！」意思是能夠自我反省，多從自己身上找原因，責備自己多，而埋怨人家少，內心的怨恨自然就少了。

夏朝時候，一個背叛的諸侯有扈氏率兵入侵，夏禹派他的兒子啟抵抗，結果啟被打敗了。他的部下很不服氣，要求繼續進攻，但是啟說：「不必了，我的兵比他多，地盤也比他大，卻被他打敗了，這一定是我的德行不如他，帶兵方法不如他的

緣故。從今天起，我一定要努力改正過來才是。」

從此以後，啟每天很早便起床工作，粗茶淡飯，照顧百姓，任用有才幹的人，尊敬有品德的人。過了一年，有扈氏知道了，不但不敢再來侵犯，反而自動投降了。

啟的反省和及時的改正提升了他自己的實力，讓他在和有扈氏的對決中贏了，而且是沒有真正去戰場就讓對方服輸了，這樣的結果是最理想的，雙方都沒有損失的情況下就決定了勝負。

人生中，遇到失敗或挫折，假如能像啟這樣，肯虛心地檢討自己，馬上改正有缺失的地方，那麼最後的成功，一定是屬於你的。

很多人一腔熱血，憤世嫉俗。看很多事情都不順眼，總是覺得別人渾身都是缺點。可是，為什麼不肯看看自己呢？如果不肯檢查自己的錯誤，對自己的成長是一種最大的耽誤。

這個世界上，改變別人是困難的。即使改變了別人，你也不會有什麼進步。所以不要總看別人，而是要多多審視自己，時刻提醒自己還應該做得更好，你就能夠改變自己，使自己得到進步。對照高尚的道德標準省察自己的言行，不斷地完善自己，君子就不會有禍患。

隨時隨地問問自己，是否對以前犯過的錯誤都一清二楚？若不能從自己身上找出失敗的原因，難免下次還會犯同樣的錯誤。在失誤時，應該多反省一下自己，平心靜氣地正視自己，客觀地對待自己的失誤。這既是一個人修身養性必備的基本功之一，又是增強你自己生存實力的一條重要途徑。

人一生中會犯很多的錯誤。犯錯誤不要緊，重要的是要汲取教訓，反省自己，然後改正，提高自己，完善自己。人活著本來就是個不斷完善自我的過程。人需要在生活的磨難裡，一點點地完善自己，發現了缺點就改正，發現了不足就彌補。

不肯把眼睛放在自己身上，就很難發現自己有什麼需要改進的地方，就很難實現積極的自我超越。當你學會了審視自己後，才能更好地審視周圍，這樣，你才不會盲目。多認識自己，多反省自己，才能讓你更好地把握自己的人生，始終清醒地站在峰頭，不被生活的暗流淹沒。

你不肯容忍自己臉上帶著汙跡出門，所以你總要照照鏡子。可是，心靈上的灰塵呢？好好審視一下自己，反省一下自己吧。如果不肯讓眼睛在自己身上多停留，就是對自己極大的不愛惜和極不負責任的縱容。

29

不要「先人後己」

反思就是自救，人只有在不斷的反省中才會更堅強，才會不斷進步。

法國文藝復興時期的作家拉伯雷說過：「人生在世，各自的脖上扛著一個籃子：前面裝的是別人的過錯和醜事，因為經常擺在自己眼前，所以看得清清楚楚；背後裝的是自己的過錯和醜事；所以自己從來看不見，也不理會。」

不僅僅是這樣。每次出現紕漏，遇到問題時，我們也總會把原因分成兩部分：一個是自己，另一個是別人或者客觀的因素。我們往往習慣於把別人放在前面，把自己放在後面。也許

我們根本就沒有意識到，這種「先人後己」的做法，可不是什麼高尚的行為，倒是有推卸責任的意味。

有位中國留學生去法國留學，為了賺一些生活費，於是就在學校打工。工作很簡單，就是為學生宿舍做清潔工作。這個工作的工作量很小，就是把宿舍的走廊掃一遍，再用拖把拖一遍。一個月可以獲得 200 歐元的報酬。

有一天早晨，等大多數學生離開宿舍後，他像往常一樣開始工作。當他把走廊掃完，準備拖地的時候，卻發現整個宿舍停水了。

原來，一樓公共浴室裡的水管漏水，工人要更換水管，把宿舍的水總開關關閉了，需要一個小時才能恢復正常。他決定不拖地了，因為九點要上課，如果等到有水再拖地會耽誤上課。而且，地面已經打掃乾淨。於是他去上課了。下午放學的時候，他接到通知，要他到宿舍管理處去一趟。

宿舍管理處的負責人叫杜爾，一向擺出一副嚴厲的面孔。杜爾每天都會檢查宿舍，如果有一點不乾淨，就會招來他嚴厲的批評。走進他的辦公室，這位學生就預感到不妙。果然，杜爾一見到他，劈頭就是一句：「你的工作很糟糕，不想做這份工作了？」

髒臉博弈，眼睛緊盯自己

「抱歉，我沒有拖地，這不是我的錯，宿舍裡停水了。」他解釋說。

「不管什麼原因，你沒有把自己的工作做好就是錯誤，你將接受 50 歐元的罰款。如果再有下一次，那就會失去這份工作。」杜爾大聲地說。

「不是不想拖地，沒有水，我怎麼拖？」留學生據理力爭。

「這棟宿舍停水了，別的宿舍沒有水嗎？整個學校都沒有水嗎？為什麼你不檢討自己，卻為自己的錯誤找客觀原因？」杜爾一邊說，一邊用手指敲著桌子。

最終，留學生受到懲罰。事後他將這件事告訴給一位法國的朋友傑瑞。他說：「杜爾先生對我一點也不友好。」

傑瑞搖搖頭說：「這件事本來就是你的錯，是你沒有做好工作，理應受到處罰。」

「你對法蘭西民族還不太瞭解，一旦做事情出現差錯或意外，法國人總是先檢討自己錯在哪裡，很少找客觀理由。對自己嚴格要求，才會避免再犯錯誤。」

後來這位留學生在法國待的時間長了，終於見識到了法蘭西民族的這種精神，傑瑞說得一點也不錯。

法國人在出現不好的結果後總是先檢討自己，不找客觀原

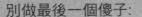

因。比如，和別人約定會面遲到，總是第一時間向對方說「抱歉」，而不解釋堵車。即使路上出現交通事故造成堵車，也不會拿這為自己開脫。按照他們的邏輯，應該想到會出現堵車的情況而提前出發。為自己開脫，無疑是錯上加錯。

　　並不是只有法蘭西民族這麼做。孟子早就說過：「仁者如射，射者正己而後發。發而不中，不怨勝己者，反求諸己而已矣。」是說仁者立身，也像射箭一樣，射不中，不怪比自己技術好的，只會從自身找原因。

　　一個颳著大風的下午，公路旁邊的曠野中出現了一幅奇怪的景象，一位殘疾的中年人正推著輪椅拼命追趕著一大片在空中飛舞的報紙，他努力想去抓住那些報紙，可是風實在是太大了，他殘疾的雙腿難以完成這複雜的任務，轉眼間，報紙散落得到處都是，他沒抓到幾張。

　　周圍有人看到了這一幕，感嘆於殘疾人的不幸，便主動過去幫忙。費了好大的勁才把報紙都收攏之後，大家便問他找這些報紙幹什麼。

　　殘疾人掙扎著坐回到輪椅上，手臂抖個不停，面色蒼白的說：「老闆派我給客戶送去幾捆報紙，可是我到的時候才發現少了一捆，就趕緊回來找。走到這時，才看到報紙散得滿地都

髒臉博弈，眼睛緊盯自己

是，只能一張一張撿起來，一張都不能少啊。」

大家又說：「你這樣的狀況，很難一個人解決問題，為什麼不直接跟老闆解釋原因呢？他也會諒解你的。」

殘疾人說：「我不能把自己的身體缺陷當成理由，畢竟錯誤是我自己犯下的，我必須自己承擔責任。」

不管你有多少客觀的理由，不肯承認自己的過失都不是聰明的做法，想辦法解決才是你應該做的。不論原因是主觀的還是客觀的，總之，你沒做好就是沒做好。

假設每個環節都十分完美，假設所有的人都完成得很出色，那也不需要你努力去做了。總是給自己找理由開脫或者說「我不是故意的」，只會讓你越來越不負責任，越來越不受歡迎，離成功越來越遠。

生活中，人們難免會出現矛盾；工作中，人們難免會出現問題。其中的原因儘管多多，但有一點是可以肯定的，那就是不可能單是一方的錯。

有矛盾和問題並不可怕，可怕的是解決矛盾和問題的方法不對。正確的方法，應該首先從自身上，或自己這一方面找原因。因為，任何矛盾和問題的出現，自身的原因是一定有的。要嘛是自己的思路錯了，要嘛是自己的言行錯了，或者是自己

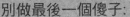

的方法錯了。怎麼可能全是別人的錯、對方的錯呢！

現實中，家庭裡親人間；社會上朋友間，工作中同事間，常常發生這樣或那樣的矛盾和問題。其實，有時根源恰恰在自己。但自己卻偏偏認識不到，或者不善於找到自身的原因，而是一味的去責怪別人，責怪對方，這樣只會讓矛盾更激化，讓問題更糟糕！

中國古代儒家學派有一個觀點認為，比較完美的人應該是「不遷怒，不二過」。

從人的本性上說，沒有人願意做錯事，可是事情沒成功必然是有原因的。只要我們是其中的一個參與者，就必然負有不可推卸的責任。要想「不二過」，首先就要做到「不遷怒」，即不把過錯歸於他人。

一般說來，我們每個人都會有這樣的體驗，碰到失敗之事，某些領導者就會遷怒他人，找出若干人進行處罰，然後，再接著做事。這樣就沒能從根本上瞭解失敗的原因，所以再一次開始時，相同的錯誤又會發生……

無數事實證明：凡事應首先從自身找原因，再從客觀找原因，這樣才利於矛盾的化解，問題的解決。讓我們在矛盾和問題面前，多從自身找找原因吧，這不僅是戰勝自我的表現，也

是有利於解決矛盾和問題的有效方法，至少有利於反省自我、完善自我、提高自我吧！

　　人只要做事，就會有對有錯。自己做的事沒成功時，要勇於承認自己的不足，並努力把事情做圓滿。適度的檢討自己，並不會使人看輕你，相反總強調客觀原因，抱怨這，抱怨那，只會使別人輕視你。所以，不要總把錯誤歸咎於環境和他人，要學會時時審視自身。

30
不為他人所動

你活在世上不是為了向別人解釋的。只要你對自己有深入的瞭解，明確自己做的事情有意義，那麼就不需要在意別人的毀譽。

　　要想在人生之路上走得更遠更好，除了要認清自己之外，更要堅持自己的判斷，不要輕易為他人的言語所動。當然，這不容易做到，所以卓越的人也不多。

　　美國洛杉磯加州大學經濟學家伊渥・韋奇曾說：「即使你已有了主見，但如果有十個朋友看法和你相反，你就很難不動搖。」這種現象被稱為「韋奇定律」。

　　韋奇定律告訴我們，即使已經有了主見，但如果受到大多

髒臉博弈，眼睛緊盯自己

數人的質疑，恐怕你就會動搖乃至放棄。但許多人之所以活得很好，就是因為比別人看得更高、想得更遠，更堅定的忠於自己所做出的選擇。

《戰國策》中「鄒忌與徐公比美」的故事，想來都不陌生。齊國的相國鄒忌長得十分魁偉英俊。一天早晨，他穿上衣服，戴好帽子，對著鏡子端詳了一番，然後問他的妻子說：「你看我與那住在城北的徐公哪一個好看呢？」

他妻子回答說：「你好看得多，徐公哪能比得上你呢？」

城北的徐公，是齊國聞名的美男子。鄒忌不相信自己會比徐公更好看，所以，他又去問小妾：「你看，我和城北的徐公相比，哪一個好看呢？」小妾回答說：「徐公哪裡比得上你呢？」

過了一天，一位客人來訪，鄒忌又問客人：「我和徐公相比，哪一個好看呢？」客人回答說：「徐公沒有你好看啊！」

後來，城北的徐公到鄒忌的家裡來拜訪他，鄒忌把徐公的面貌、身材、姿態仔仔細細地觀察了一番。他深深感到，自己遠沒有徐公那樣好看，再對著鏡子又端詳了一會兒，更感覺自己比徐公差得多。

到了晚上，鄒忌在床上認真地思索了一番，終於明白了。他說：「我的妻子說我好看，是偏愛我；我的小妾說我好看，

是害怕我；客人說我好看，是因為有事求我，並非自己真的比徐公好看啊！」

《唐書・盧承慶傳》記載了這樣一個故事：在唐太宗時期，盧承慶曾任「考功員外郎」官職。所謂「考功」，是專管官吏考績評功的，屬於吏部。據說，盧承慶對考功工作公正、負責。

一次有一個負責運糧的官員，由於發生糧船沉沒事故，受過處罰。盧承慶在給他進行考績時，便給他評定為「中下」等級，並通知本人。那位官員得知後，既沒有提出意見，也沒有任何疑懼的表情。

盧承慶繼而一想：「糧船沉沒，不是他個人的責任，也不是他個人力量所能挽救的，評為『中下』，恐怕不合適。」決定改評為「中中」等級，並且又通知本人，那位官員依然沒有發表意見，既不說一句虛偽客套的感謝話，也沒有什麼激動的神色。

盧承慶見他如此這般，非常稱讚，脫口便道：「好，寵辱不驚，難得難得！」當即又把他的功績改為「中上」等級。從此，「寵辱不驚」這個成語典故便廣為流傳到今天。

這則故事的主角不是盧承慶，而是那位不為別人評價所動的官員。只有對自己有清晰明確的判斷，有一個豁達寬廣的胸

髒臉博弈，眼睛緊盯自己

懷，才能做到這般淡定從容。

愛迪生研究電燈時，工作難度出乎意料的大。1600 種材料被他製作成各種形狀，用做燈絲，效果都不理想，要嘛壽命太短，要嘛成本太高，要嘛太脆弱、工人難以把它裝進燈泡。

全世界都在等待他的成果，半年後人們失去耐心了，紐約《先驅報》說：「愛迪生的失敗現在已經完全證實，這個感情衝動的傢伙從去年秋天就開始電燈研究，他以為這是一個完全新穎的問題，他自信已經獲得別人沒有想到的用電發光的辦法，可是，紐約的著名電學家們都相信，愛迪生的路走錯了。」愛迪生不為所動。

英國皇家郵政部的電機師普利斯在公開演講中質疑愛迪生，他認為把電流分到千家萬戶、還用電錶來計量是一種幻想。愛迪生繼續摸索。

人們還在用煤氣燈照明，煤氣公司竭力說服人們：愛迪生是個吹牛的大騙子。

就連很多正統的科學家都認為他在幻想，有人說：「不管愛迪生有多少電燈，只要有一顆壽命超過 20 分鐘，我情願付100 美元，有多少買多少。」有人說：「這樣的燈，即使弄出來，我們也點不起。」他毫不動搖。

　　愛迪生始終相信自己。結果你也知道啦，要是他被這些話嚇倒，電燈就要被別人發明了。

　　堅定不移地走自己的路，不去管身邊那些喧鬧的聲音。堅持自己，並非意味著否定別人所有的聲音。獨斷專行，那是獨裁者的專利；我行我素，那是自負的人的德行。

　　一個人遇到事情的時候不能隨便就跟隨別人的意見跑掉了，更不能驚慌失措。一個成熟的人有自己的主見，他們會聽別人的意見，但是只是在策略上更加完美，而不是隨意被別人牽著鼻子走。

第六章
鬥雞博弈，進與退的智慧

在這個競爭無處不在的社會，我們隨時都會遇到「鬥雞博弈」的問題。相持不下的時候，是選擇進攻還是後退？是選擇暫時的忍讓還是兩敗俱傷？

道理大家都很明白，但真遇到事情的時候，往往就糊塗了，因為人有複雜的思維、更多的欲望，人太要面子。其實哪一方前進，不是由兩隻鬥雞的主觀願望決定的，而是由雙方的實力預測所決定的，如果兩方都無法完全預測雙方實力的強弱，那就只能透過試探才能知道了，但這要付出很大代價。如果不想損失慘重，還是採用科學的策略吧。

31

假如你是鴿子

♜

我們最多也就吃一次虧罷了，不會再次跌倒。

在鬥雞博弈中，雙方實力相當。但假如你不是鬥雞，而是鴿子；對方也不是鬥雞，而是鷹呢？這時候該怎麼辦？

鷹搏鬥起來總是兇悍霸道，全力以赴，孤注一擲，除非重傷，否則絕不退卻。而鴿的鬥爭方式是威脅恫嚇，從不傷害對手，如果對方不肯相讓，則往往委曲求全。

如果鷹同鴿搏鬥，鴿就會迅即逃跑，因此鴿不會受到傷害。

如果是鷹跟鷹進行搏鬥，就會一直打到其中一隻受重傷或者死亡才罷休。

鬥雞博弈，進與退的智慧

　　如果是鴿同鴿相遇，那就誰也不會受傷，直到其中一隻鴿讓步為止。

　　我們可以看到，在鬥雞博弈中，極有可能出現的是第二種情況。作為有意識的人，我們要避免的也恰恰是這種情況。

　　每隻動物在搏鬥中都選擇兩種策略之一，即「鷹策略」或是「鴿策略」。

　　對於為生存競爭的每隻動物而言，如果「贏」相當於「+5」，「輸」相當於「-5」，「重傷」相當於「-10」的話，最好的結局就是對方選擇鴿而自己選擇鷹策略（自己 +5，對手 -5），最壞的就是雙方都選擇鷹策略（雙方各 -10）。

　　鷹鴿演進博弈的穩定演進策略共有三種：

　　一種是鷹的世界，即霍布斯的原始叢林。

　　一種是鴿的天堂，既各種烏托邦。

　　還有一種是鷹鴿共生演進的策略，這要求混合採取強硬或者合作的策略。

　　你可以很清楚地看到，第三種情況才最像真實的世界。這個世界上，鷹和鴿子並存，大家相互妥協達到某種平衡。

　　但問題是，現實中，假如你真的是鴿子，該怎麼面對這個充滿競爭與侵略的世界？

　　我們都知道，這個世界的人大致可以分為侵略型和和平型。如果雙方都侵略，則雙方都受傷；一方侵略一方和平則侵略者佔便宜，和平者吃虧；雙方都和平則都受益。看起來，和平型的鴿子好像很難在與鷹的戰鬥中獲得便宜。那麼，它到底應該採取什麼樣的策略？

　　有人用電腦程式來模擬許多不同的策略相互對抗，用結果總評來評價最優策略。結果好幾年的最優策略都是一個，就是Tit for Tat，也就是「針鋒相對」。道理很簡單，就是第一次碰見對方時採取和平態度，然後採取對方上一次採取的策略。顯然不可能有總是勝利的策略，因為只要有一個人總是侵略，你就有被打敗的可能。但是因為第一次占了便宜，以後雙方都侵略，都吃虧，不過整體來說已經勝利了。與其他各種策略相比，這個策略總體是最佳的。

　　後來有許多人在這個策略的基礎上想加以改進，比如忍讓幾次後再報復，或者第一次就侵略，或者加入隨機的因素，但是都沒有原來的策略效果好。

　　其實從這裡可以學到很多。人和人的往來本來就是一個交互的過程，你對人真誠，別人也會真誠相待，然而不同的人究竟還是不同，天下什麼樣的人都有，你只能根據對方的反應來

調整對他的態度，但是這並不妨礙你的整體策略是簡單，真誠，一致的。比如，從「針鋒相對」中可以學到，一開始要友好，否則別人自然也不會對你好。但是對於侵略必須報復，否則他會繼續侵略。而報復必須及時。那些推遲報復的策略反受其害。還有一點，就是必須讓自己的行為是可預測的。如果是一個完全隨機的策略，或者太複雜，別人無法估計你的行為，他不得不按最壞的打算來考慮，這樣對雙方都不利，所以那些加隨機因素想偷空佔便宜的策略實際並沒有佔到便宜。

道理看起來也許複雜了點，但總結起來也就一句話：「一開始你真誠待人，然後他怎麼對你，你也怎麼對他。」

人心難測，我們都怕受傷害。但是大部分時候，我們一片真心對人，也會換來別人的真誠。

弗萊明是蘇格蘭一個窮苦的農民。有一天，他救起一個掉到水溝裡的孩子。第二天，弗萊明家門口迎來了一輛豪華的馬車，從馬車走下一位氣質高雅的紳士。見到弗萊明，紳士說：「我是昨天被你救起的孩子的父親，我今天特地過來向你表示感謝。」

弗萊明回答：「我不能因救起你的孩子就接受報酬。」

正在兩人說話之際，弗萊明的兒子從外面回來了。紳士問

到：「他是你的兒子嗎？」

　　農民不無自豪的回答：「是。」紳士說：「我們訂立一個協議，我帶走你的兒子，並讓他接受最好的教育，如果這個孩子能像你一樣真誠，那他將來一定會成為讓你自豪的人。」弗萊明答應簽下這個協議。

　　數年後，他的兒子從聖瑪利亞醫學院畢業，發明了抗菌藥物盤尼西林，一舉成為天下聞名的弗萊明‧亞歷山大爵士。

　　有一年，紳士的兒子，也就是被弗萊明從深溝裡救起來的哪個孩子染上了肺炎，是誰將他從死亡的邊緣救了回來？是盤尼西林。那個氣質高雅的人是誰呢？他是二戰前英國上議院議員老邱吉爾，紳士的兒子是誰呢？他是二戰時期英國著名首相邱吉爾。

　　佛蘭克林曾說過，一個人種下什麼，就會收穫什麼。我們不可能在別人一再傷害我們的時候還友善地對他，但也不能在一開始就對所有人橫眉冷對。這場博弈告訴我們的道理就是，在和別人交往的過程中，一開始要真誠對待所有人後，再根據他們的表現選擇以後的策略。

32

不要太愛面子

♖

老實說，真正的面子還是要靠別人給。

冷戰時期，美蘇兩個超級大國之間的軍事鬥爭也是一種鬥雞博弈，一個強硬了，另一個就要縮，反之亦然，因為誰都不想兩敗俱傷。

為了能精確的知道對方是真的強硬還是外強中乾、虛張聲勢，互相間就要大量派出間諜，為的就是能精確估算對方強硬立場的盡可能準確的機率，以免擦槍走火，大打出手，兩敗俱傷。

在沒有足夠的情報作基礎時，雙方都會選擇純策略的鬥雞

博弈，就是對方強硬，咱就讓步，你讓步了，我就強硬。

這個博弈告訴我們一個道理，面子有時很要命的，從純策略的鬥雞博弈中是不會出現兩敗俱傷的最差的結果的。但很多人就是死要面子，非要帶著僥倖心理，自己心裡瞎算對方會做出讓步的可能性，最後沒有算準，弄巧成拙，就兩敗俱傷了。

美蘇兩個超級大國都可以在對方強硬的時候做出讓步，何況是你我呢？為什麼會出現兩敗俱傷的局面呢？就是因為雙方都顧忌面子，寧死也不肯退讓。何苦呢？

愛面子是中國社會普遍存在的一種心理，面子行為反映了中國人尊重與自尊的情感和需要，丟面子就意味著否定自己的才能，這是萬萬不能接受的，於是有些人為了不丟面子，透過「打腫臉充胖子」的方式來表現自我。

其實完全沒有必要，面子不是自尊，完全沒有必要死要面子活受罪。來看一則寓言故事：

有一隻老海龜已經一百歲了，是大海中的老壽星，大家都很尊敬牠。老海龜喜歡和小海龜們海闊天空地談牠的遇險記，說自己遇到危險時是如何鬥智鬥勇安然脫險的。

小海龜們聽了老海龜的話，個個佩服得五體投地，尊稱牠是「智勇雙全的老爺爺！」

鬥雞博弈，進與退的智慧

老海龜平時也很注意自己的形象，一舉一動都很小心謹慎，處處表現出長者的風度。

一天，老海龜來到沙灘上，牠見幾隻小海龜在不遠處的一塊大石頭上玩，就爬了過去。

老海龜想爬到大石頭上去，給小海龜們再講講牠的歷險記。大石頭並不高，以前老海龜經常爬上去玩，這一次，牠卻每次爬上去就滑了下來，怎麼也爬不上去。

小海龜們對老海龜說：「你年紀大了，動作不靈活了，讓我們拉你一把吧！」

老海龜想，自己是大名鼎鼎的百歲老海龜，如果讓小海龜幫忙，豈不大失面子，牠故意笑著說：「誰說我爬不上去，再高的石頭我都爬過，剛才我只不過是先活動活動四肢，等會再爬上去。」

老海龜在沙灘上稍稍休息了一會，深吸一口氣，使出渾身的勁向大石頭上猛衝。哪知牠用力過猛，身體失去重心，四腳朝天跌倒在沙灘上。小海龜們見了都大吃一驚，關心地問老海龜是否受傷，要去幫牠把身體翻轉過來。

老海龜擺擺手，故作輕鬆地對小海龜們說：「你們別大驚小怪，我是故意仰面朝天躺著的，這樣我的胸部就可以曬到溫

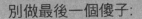
暖的陽光，多麼舒服啊！」

　　過了一會，小海龜們一齊爬入大海，游到別處去了。老海龜這才舞動四肢並且伸長脖子，想把身體翻轉過來，可是無論牠怎麼努力，都翻不過來。這時有幾個漁民正好經過海灘，輕而易舉就抓住了這隻百歲老海龜，高高興興把牠抬了回去。

　　老海龜想，如果剛才不是為了顧及面子，讓小海龜們幫助把身體翻轉過來的話，自己也不會落得如此下場。牠歎了口氣，自我安慰道：「還好，自己被抓時的狼狽相沒有讓小海龜們看到，總算沒有在牠們面前失面子。」

　　不要以為老海龜笨，有人比牠更笨：

　　阿強剛工作不久，朋友突然來這看他。阿強陪著朋友在這個小城轉了轉，就到了吃飯的時間。阿強身上只有五百塊錢，這已是他所能拿出招待對他很好朋友的全部資金，他很想找個小餐館隨便吃一點兒，可是朋友卻偏偏相中了一家很豪華的餐廳。阿強沒辦法，只得硬著頭皮隨他走了進去。

　　兩人坐下來後，朋友開始點菜，當他徵詢阿強意見時，阿強只是含糊地說：「隨便，隨便。」此時，他的心中七上八下，放在衣袋中的手裡緊緊抓著那僅有的五百元。這錢顯然是不夠的，怎麼辦？

鬥雞博弈，進與退的智慧

可是朋友一點兒也沒注意到阿強的不安，他不停地誇讚這裡可口的飯菜，阿強卻什麼味道都沒吃出來。

結帳的時刻終於來了，彬彬有禮的侍者拿來了帳單，徑直向阿強走來。阿強張開嘴，卻什麼也沒說出來。

朋友溫和地笑了，他拿過帳單，把錢給了侍者，然後盯著阿強說：「阿強，我知道你的感覺，我一直在等你說『不』，可是你為什麼不說呢？要知道，有些時候一定要勇敢堅決地把這個字說出來，這是最好的選擇。我來這裡，就是想讓你知道這個道理。」

上面的故事告訴我們，每個人對於自己的面子問題都是很關注的。人都會有很強的自尊心，都會愛惜自己的面子，誰也不願意自己臉上無光。現實生活中，人們往往遵循「樹活一張皮，人活一口氣」的原則，這口氣如果不順暢的話，就會感覺自尊心遭受打擊，面子受到損壞。

所以人們往往在面子與利益的權衡上，採取一種務虛而不務實的態度，把面子放在第一的絕對不可動搖的位置，甚至不惜傷害自己以爭面子，比如「不蒸饅頭蒸（爭）口氣」、「寧可傷身體而不肯傷感情」、「死要面子活受罪」等，都是損害自己以爭面子的做法，若不是萬分必要，切不可輕舉妄動。

　　孔子說：「禮之用，和為貴。」這裡的「和」不是「和睦」的意思，而是要求人們在施行禮儀的過程中節制欲望衝動，量力而行，不可過度講排場、撐面子。面子問題與我們每個人息息相關。但現實生活中面子是靠別人給的，還是自己爭取的呢？

　　如果我們自身各方面做得都很好的話，別人就會由衷地佩服你，會向你投出欣賞的眼光。這樣，我們活著才會有更多的自豪感和成就感。自身做得不好，自然也就沒有多少面子可言了。有沒有面子是自己賺來的，完全沒有必要和別人爭搶。

　　古希臘神話中有一位大英雄叫海格力斯，一天他走在坎坷不平的山路上，發現腳邊有個袋子似的東西很礙腳，海格力斯踩了那東西一腳，誰知那東西不但沒被踩破，反而膨脹了起來，加倍地擴大著。

　　海格力斯惱羞成怒，拿起一根很粗的木棒拼命的砸它，那東西竟然長大到把路給堵死了。正在這時，山中走出一位聖人，對海格力斯說：「朋友，快別動它，忘了它，離開它遠去吧！它叫仇恨袋，你不犯它，它便小如當初，你侵犯它，它就會膨脹起來，擋住你的路，與你敵對到底。

　　其實我們也在經常犯和海格力斯一樣的錯誤，遇到衝突時，不願意吃虧，步步緊逼，據理力爭，死要面子，認為忍讓

鬥雞博弈，進與退的智慧

就是沒了面子失了尊嚴，最終只能使得衝突不斷地升級，不斷地激化。

其實忍讓並不是不要尊嚴，而是成熟、冷靜、理智，心胸豁達的表現，一時退讓可以換來別人的感激和尊重，避免衝突的加深，豈不更好。社會就像一張網，錯綜複雜，我們難免與別人有誤會或摩擦，善待恩怨，學會尊重你不喜歡的人，在自己的仇恨袋裡裝滿寬容，那樣才會少一份怨恨，多一份快樂，才會贏得更多的尊重。

鄭板橋的弟弟鄭墨在家務農。忽然有一天，鄭板橋收到了弟弟一封來信。弟兄倆經常通信，然而這一次非同尋常。

原來，鄭家與鄰居的房屋共用一牆，鄭家想翻修老屋，鄰居干預，說那牆是他們祖上傳下來的，不是鄭家的，鄭家無權拆牆。其實，這契約上寫得明明白白，那堵牆是鄭家的，鄰居借光蓋了房子。為了這堵牆，官司打到縣裡，尚無結果。

鄭墨越想越難過，感覺太受人欺負了，心裡的怨恨實在咽不下去。於是自然想到了在外做官的哥哥，自己覺得有契約在，再加上哥哥出面說情，這官司就必贏無疑了。

鄭板橋知道此事後覺得很不自在，考慮再三，寫了一封信給弟弟勸他息事寧人，同時寄去了一個條幅，上面寫著「吃虧

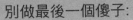

是福」四個大字。同時又給弟弟另附了一首打油詩：

千里告狀只為牆，讓他一牆又何妨。

萬里長城今猶在，不見當年秦始皇。

鄭墨接到信羞愧難當，當即拆了訴狀，向鄰居表示再不相爭。那鄰居也被鄭家兄弟的一片至誠所感動，表示也不願意繼續鬧下去。於是兩家又重歸於好，仍然共用一牆。這在當地一直傳為佳話。

33

用氣勢壓倒對方

軟的怕硬的，硬的怕橫的，橫的怕不要命的。

按博弈論的說法，「鬥雞博弈」有兩個「納許均衡」：「你進我退，你退我進」。自己的行為取決於對方的行為，而且雙方都是這樣的選擇。

那麼，最後的「納許均衡」究竟會出現在哪一點？也就是到底是誰進攻誰撤退呢？

這就要看誰使用了「威懾戰略」，並更為有效地在氣勢上壓倒對方了。

什麼是「威懾戰略」？就是選擇「威懾」的一方要表現出

　　義無反顧、勢不可擋的樣子，以大無畏的氣勢震住對方。「狹路相逢勇者勝」，就是這個意思。當然「威懾戰略」也是平等的，雙方都可以採用，若對方表現得比你還勇猛，你就要「識時務者為俊傑」了，與「傻子」去拼命是不值得的。

　　在戰爭年代，一場血腥戰役之後，敵我雙方的兩個士兵狹路相逢了。他們都已身心疲憊，但雙方都勉力對峙，槍口對著槍口，目光對著目光。終於，一方士兵的信心崩潰了，撲通一下跪地求饒。當戰士吃力地奪過對方槍支，發現裡面根本沒有子彈時，他也一下子癱倒在地，因為他也早就彈盡糧絕。

　　可見，勇還是不勇，有時並不需要真正的較量，而只需將「勇」的資訊傳遞到對方即可。這個理論，甚至在人類與野獸的較量中也通行。

　　某馬戲團表演，馴獸師與老虎同關在一隻鐵籠中演出，突然停電了。黑暗中的老虎視線不受影響虎視眈眈，而馴獸師卻什麼也看不見，形勢暗含兇險。馴獸師突然意識到，老虎並不知道馴獸師看不見牠，他鎮定自若的揮舞道具，像平時那樣表現出降伏猛獸的勇氣。老虎在他的指揮下，仍然是一隻溫馴的「貓」。

　　在很多情況下，博弈就是比拼誰比誰更有威懾力。下面的

鬥雞博弈，進與退的智慧

故事正應了這樣一句話：「軟的怕硬的，硬的怕橫的，橫的怕不要命的。」

　　一個面容老實衣著簡樸的農民乘坐長途汽車，因為帶的雜物太多，被司機訓斥後蜷縮在車尾角落裡。

　　車行半路，司機被兇狠的歹徒用刀頂住脖子，眼見一場面對全體乘客的搶劫就要發生。農民突然站了起來，大叫一聲：「給我住手！」然後寫了一張紙條遞了過去。幾個歹徒讀罷字條，互相對視片刻，竟然迅速下車逃跑了。

　　大家詫異地問他：「你是員警？」

　　「不是。」

　　「你是軍人？」

　　「也不是。」

　　「那你怎麼這麼厲害？」

　　「老實說，我今天正好帶著借來的大筆錢，被他們搶走的話我也只有死路一條，所以只得鋌而走險了。我在紙條上寫的是：快滾蛋！我是一個持槍通緝犯，惹火了我，我就殺了你們。」

　　所以橫的還是怕不要命的，「威懾戰略」真管用。不過，你給別人的威懾不一定代表你真會那麼去做，只是給別人一種震懾力或假像，在生活中採用一些假的威懾，或許可以解決一

些難題。

許多人都知道「所羅門王斷案」的故事。古代有兩個婦女，同時在一間屋子裡生下小孩，但其中一個孩子死了，兩人都爭說這個活著的孩子是自己的，死孩子才是對方的。

當年沒有 DNA 等技術手段來做親子鑑定，人們便請了所羅門王來斷案。智慧的所羅門王假意說，既然你們都說自己是孩子的母親，那就把孩子一劈為二一人一半。一個婦女欣然同意說，這樣最好。而另一個婦女則說，寧可給對方，也不願將孩子劈死。水落石出，所羅門王據此明斷，贊同的婦女是假的母親，不贊同的婦女才是真的母親。

如果那個假的母親懂得一點博弈論的話，知道所羅門王的這個「威懾」是個不可置信的假威懾，他不會真的那麼做，再對刀劈嬰孩表現出不忍的話，所羅門王的計謀便不能成功。

電影《追魚》中也有類似的情節。書生張郎被宰相府招為女婿，但因家貧而遭宰相女兒牡丹的嫌棄。而在張郎讀書處水潭裡的鯉魚精，因愛慕張郎而變作牡丹的模樣來與他私會。張郎誤以為她是真的回心轉意，便與她情投意合相悅甚歡。終於事發東窗，兩個牡丹真假難辨。

斷案的包公知道了事情的原委，假裝要當庭杖打張郎。這

鬥雞博弈，進與退的智慧

時真的牡丹無動於衷，甚至幸災樂禍，而假的牡丹則難掩傷心。明察秋毫的包公一看，心裡便有數了。

同樣道理，如果鯉魚精也知道一點博弈論的話，在洞察包公的用意後也裝作無動於衷、幸災樂禍的樣子。那麼，即使是包青天也無可奈何。

不過反過來說，有的時候，人們給出的假威懾並不管用，特別是當對方拿出破釜沉舟的勇氣時。我們再看一個經常出現在電視劇裡的例子。

一位女子與小夥子相愛，但女子的父親堅決反對，而且以斷絕父女關係相威脅。如果女子相信的話，她可能會中斷與戀人的關係，因為戀人是可以選擇的，而血緣是不能替代的。慶幸的是，這是個聰明的女子，她知道父親不會那麼做。因為那樣的結局對父親更加不好，不但失去女婿，還會失去女兒。所以她義無反顧地將「生米煮成了熟飯」，勇敢地結婚了。

用博弈論的話來說，父親的「威懾」也是個不可置信的假威懾。最後的結果，父親還是接受了這個當初並不喜歡的女婿。

「威懾戰略」可能只是一種「虛張聲勢」，它不一定會真正地實施。如何識破對方的「虛張聲勢」呢？這就要看對方的威懾是否可以置信。

　　狹路相逢之時，要讓自己的威懾更加有效，需要做出斷絕後路的行為，表達出你孤注一擲的決心，對方才會有所忌憚。而假如你是正義的那方，即使對方力量強大，也會有所忌憚，這時候你更不能在氣勢上輸給對方。

　　馮玉祥任職陝西督軍時，得知有兩個外國人私自到終南山打獵，打死了兩頭珍貴的野牛，馮玉祥把他們召到西安，沒有一般的寒暄，劈頭就問：「你們到終南山行獵，和誰打過招呼！領到許可證沒有！」

　　對方答：「我們打的是無主野牛，用不著通報任何人。」

　　馮玉祥聽了，帶著怒氣說：「終南山是陝西的轄地，野牛是中國領土內的東西，怎麼會是無主呢？你們不經批准私自行獵，就是違法。」

　　兩個外國人狡辯說：「這次到陝西，在貴國發給的護照上，不是准許帶槍的嗎？可見我們打獵已經獲得了貴國政府的許可，怎麼是私自打獵呢？」

　　馮玉祥反駁說：「准許你們攜帶獵槍，就是准許你們打獵嗎？若准許你們攜帶手槍，難道就表示你們可以在中國境內隨意殺人嗎？」

　　其中一個外國人不服氣，繼續說：「我在中國 15 年，所

鬥雞博弈，進與退的智慧

到的地方沒有不准打獵的，再說，中國的法律也沒有規定外國人不准在境內打獵。」

馮玉祥冷笑著說：「的確是沒有規定外國人不准打獵的條文，但是，難道就有准許外國人打獵的條文嗎？你15年沒遇到官府的禁止，那是他們的昏庸。現在我身為陝西的地方官，負有國家人民交托的保家衛國之責，就非禁止不可。」至此，這兩個外國人也只能承認錯誤。

那時候因為大多數軍閥、官僚對外國人卑躬屈膝，所以有些外國人在中國土地上氣焰十分囂張。馮玉祥用昂揚的氣勢捍衛了一個中國將軍的尊嚴，在面對強敵時首先在氣勢上壓倒對方，優勢自然就落到了他這一邊。

34
退是策略，進是目的

以退為進，真正掌握前進方向。

有一次，世界著名滑稽演員胡珀在表演時說：「我住的旅館，房間又小又矮，連老鼠都是駝背的。」旅館老闆知道後十分生氣，認為胡珀詆毀了旅館的聲譽，要控告他。

胡珀決定用一種奇特的辦法，既要堅持自己的看法，又可避免不必要的麻煩。於是在電視臺發表了一個聲明，向對方表示歉意：「我曾經說過，我住的旅館房間裡的老鼠都是駝背的，這句話說錯了。我現在鄭重更正：那裡的老鼠沒有一隻是駝背的。」

鬥雞博弈，進與退的智慧

「連那裡的老鼠都是駝背的」，意在說明旅館小且矮；「那裡的老鼠沒有一隻是駝背的」，雖然否定了旅館的小和矮，但還是肯定了旅館裡有老鼠，而且很多。胡珀的道歉，明是更正，實是批評旅館的衛生情況，不但堅持了以前的所有看法，諷刺程度更深刻有力。

英國牛津大學有個名叫艾爾・弗雷特的學生，因能寫點詩而在學校小有名氣。一天，他在同學面前朗誦自己的詩。有個叫查理的同學說：「艾爾・弗雷特的詩讓我非常感興趣，它是從一本書裡偷來的。」艾爾・弗雷特非常生氣，要求查理當眾向他道歉。

查理想了想，答應了。他說：「我以前很少收回自己講過的話。但這一次，我認錯了。我本來以為艾爾・弗雷特的詩是從我讀的那本書裡偷來的，但我到房裡翻開那本書一看，發現那首詩仍然在那裡。」

兩句話表面上不同，「艾爾・弗雷特的詩是從我讀的那本書裡偷來的」，也就是指艾爾・弗雷特抄襲了那首詩；「那首詩仍然在那裡」，指的是被艾爾・弗雷特抄襲的那首詩還在書中。意思沒有變，而且進一步肯定了那首詩是抄襲的，這種嘲諷，程度更深了一層。

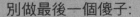

　　兵法中有一招是「以退為進」，上面兩個故事中的主角深諳此道。作戰如治水一樣，須避開強敵的鋒頭，就如疏導水流；對弱敵進攻其弱點，就如築堤堵流。「退」是策略，「進」才是目的，在生活中運用很廣。

　　與人有分歧時，先退一步承認對方說的對，而後抓住機遇進攻駁斥對方不對，這種說話的方法就是以退為進。

　　某電氣公司推銷員，想去老客戶處再推銷一批新型發動機。誰知，才到一家公司，該公司的總工程師劈頭就是一句：「你還指望我們買你們的發動機？」一瞭解，原來總工程師認為他們公司的發動機發熱超標，因為發動機用手一摸非常燙手。推銷員無法知道詳情，就退讓一步道：「先生，我的意見和你相同，若發動機發熱過高，別說買，還應該退貨！」「當然。」總工程師緩和多了。

　　推銷員乘機問道「按標準，發動機的溫度要比室內高出70度，對嗎？」總工程師答道：「但你們的產品已經超出這個溫度。」推銷員反問：「車間溫度多少？」當聽說也是70度時，推銷員轉退為攻：「好極啦！車間是70度，加上應有的70度，一共140度左右，如果用手觸摸勢必會燙傷啊！」總工程師點頭稱是，推銷員立即補上：「今後可不要用手去摸發動機了。

鬥雞博弈，進與退的智慧

放心！那是完全正常的。」結果，推銷員又做了第二筆買賣。

推銷員先讓一步，同意對方看法，然後從具體數字入手進行反攻，一舉成功。

晉朝時，許允娶了阮家醜女。行過大禮之後，進入洞房，許允見到新娘貌醜，立即轉身，想奪門而出。新娘料到會出現這一幕，故許允才轉身，就一把抓住了他，否則，一旦離去，很難返回。

許允被拉住後，沒好氣地問道：「女子應有四種德行，妳具備幾種？」新娘從容地回答道：「孝順父母，尊重丈夫，是其一；說話和氣，是其二；能織絲紡麻是其三；貌美，是其四。前三條我都能做到，我所缺少的只是貌美罷了。」說完便反問道：「然而讀書人應有許多好品德，你又具備幾條呢？」許允自傲而輕率地回答：「都具備！」

新娘聽後，直言不諱道：「各種品德中，應把以德取人放在第一位，可是你卻注重美色，重貌輕德，怎能說都具備了呢？」許允聽罷，頓覺慚愧。之後，夫妻互敬互愛，白頭偕老。

醜婦先承認自己是醜，而後反戈一擊，擊中對方要害，因為重貌不重德，是封建社會的大忌，所以許允被說服了。

古人深諳此道，再來看一則故事：

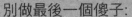

漢代公孫弘年輕時家貧，後來貴為丞相，但生活依然十分儉樸，吃飯只有一個葷菜，睡覺只蓋普通棉被。就因為這樣，大臣汲黯向漢武帝奏了一本，批評公孫弘位列三公，有相當可觀的俸祿，卻只蓋普通棉被，實質上是使詐以沽名釣譽，目的是為了騙取儉樸清廉的美名。

漢武帝便問公孫弘：「汲黯所說的都是事實嗎？」公孫弘回答道：「汲黯說得一點沒錯。滿朝大臣中，他與我交情最好，也最瞭解我。今天他當著眾人的面指責我，正是切中了我的要害。我位列三公而只蓋棉被，生活水準和普通百姓一樣，確實是故意裝得清廉以沽名釣譽。如果不是汲黯忠心耿耿，陛下怎麼會聽到對我的這種批評呢？」漢武帝聽了公孫弘的這一番話，反倒覺得他為人謙讓，就更加尊重他了。

公孫弘面對汲黯的指責和漢武帝的詢問，一句也不辯解，並全都承認，這是何等的智慧呀！汲黯指責他「使詐以沽名釣譽」，無論他如何辯解，旁觀者都已先入為主地認為他也許在繼續「使詐」。公孫弘深知這個指責的分量，採取了十分高明的一招，不作任何辯解，承認自己沽名釣譽。這其實表明自己至少「現在沒有使詐」。由於「現在沒有使詐」被指責者及旁觀者都認可了，也就減輕了罪名的分量。

鬥雞博弈，進與退的智慧

公孫弘的高明之處，還在於對指責自己的人大加讚揚，認為他是「忠心耿耿」。這樣一來，便給皇帝及同僚們這樣的印象：公孫弘確實是「宰相肚裡能撐船」。既然眾人有了這樣的心態，那麼公孫弘就用不著去辯解沽名釣譽了，因為這不是什麼政治野心，對皇帝構不成威脅，對同僚構不成傷害，只是個人對清名的一種癖好，無傷大雅。

以退為進，這是一種大智慧。在這方面如果運用得好，更能受益匪淺。對沒有的事情不置可否，事情終會有水落石出的一天，那時候你不是可以得到更多人的尊敬嗎？有什麼小錯就承認了也沒什麼大不了，人家反而會覺得你人格高尚，勇於承認錯誤更易得到大家的諒解，而且一個光明磊落的人即使錯又能錯到哪裡去呢？

不辯自明，是一種極好的公關技巧。同樣，如果能夠掌握以退為進的法則，在生意場上也可以取得豐厚的利潤。

被譽為「日本繩索大王」的島村寧次在幾年前還是一個窮光蛋，他的成功也是有賴於以退為進的「原價銷售法」。其主要原則就是開始時吃虧，而後便占大便宜。

首先，他在麻的產地將 5 角錢一條長 45 公分的麻繩大量買進來後，又照原價一條 5 角錢賣給東京一帶的紙袋工廠。完

全無利潤反而賠本的生意做了一年之後，「島村的繩索確實便宜」的名聲揚四方，訂貨單從各地像雪片飛般地源源而來。於是，島村又按部就班地採取了第二步行動，他拿著購物收據前去與訂貨客戶說：「到現在為止，我是 1 分錢也沒賺你們的，但如若長此下去，我只有破產的一條路了。」他的誠實感動了客戶，客戶心甘情願地把貨價提高到了 5 角 5 分錢。

　　與此同時，他又與供應商說：「您賣給我 5 角錢一條的麻繩，我是原價賣出的，照此才有了這麼多的訂貨。這種無利而賠本的生意，我是不能再做下去了。」

　　廠商看到他給客戶開的收據發票，便大吃一驚，頭一次遇到這種甘願不賺錢的生意人。廠商感動不已，於是一口答應以後每條繩索以 4 角 5 分的價格供應。

　　這樣兩頭一交涉，一條繩索就賺了 1 角錢。他當時一年有 1000 份訂貨單，利潤就相當可觀。幾年後島村從一個窮光蛋搖身一變成為日本繩索大王。

　　經商的目的就是為了賺錢，其要旨則為用最短的時間賺到最多的錢。然而島村卻反其道而行之，以賠錢的「原價銷售法」開始他的繩索經營事業，從他後來取得的巨大成功來看，這一經營戰略確實奏效。

鬥雞博弈，進與退的智慧

　　秉承同樣理念的日本人松本清創造了「犧牲商法」，他將當年售價為 200 日元的膏藥以 80 日元的低價賣出。膏藥賣得越多，虧損就越大，但整個藥店的經營卻有了很大起色。因為，買膏藥的顧客大都還要買其他藥品，而其他藥品卻是不打折的。松本清的做法使消費者對藥店產生了一種信賴感，於是藥店的生意越來越好。

　　「犧牲商法」以抓住顧客貪小便宜的心理來「套牢」顧客，透過部分商品的低價賠本銷售來擴大企業的知名度，進而達到招徠顧客、留住回頭客的經營目的。他們未賺先「賠」，未盈先「虧」，適當付出了一點代價，犧牲了一點利益，取得消費者的信任後，經營效果會更好。他們也想賺錢，但他們卻先做賠錢的事情。這才是精明的商人。

　　精明的商人往往有長遠的眼光，他們為了賺錢，可以以退為進，讓出部分利益。如今，曉得「以退為進」的推銷員已經很多了，什麼「試銷產品不要錢」啦，什麼「商場開幕贈送活動」啦……然而他們太心急了，還沒有讓人感到他們後退的誠意就急於轉身朝前「錢」走，故而不能達到「以退為進」的真正目的。

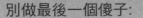

35

對手讓你更加強大

♖

人生中沒有危機則是最大的危機。

　　一般人面對對手的時候，往往會咬緊牙關，不屈不撓，變成一隻紅眼的鬥雞，恨不得一口吃掉對手。其實，很多聰明的人並不會這樣做，因為對手是自己的前進動力，並且可以鞭策自己獲得改善和提高。保留對手，對自己的成長具有極強的促進作用。美國前總統林肯就是這樣一個聰明的人。

　　林肯順利地在 1860 年美國總統大選中勝出，當選為總統。

　　就任後，他任命參議員薩蒙‧蔡斯為財政部長。當時有許多人反對這一任命，因為蔡斯雖然能幹，但為人狂妄自大，

鬥雞博弈，進與退的智慧

十分不討人喜歡。他本來是想競選總統的，卻在大選中輸給了林肯，但是蔡斯始終認為自己比林肯要強得多，不是很服從林肯的領導。

當朋友不解地問起這件事時，林肯講了這樣一個故事：

「我想每一個在農村長大的朋友一定知道什麼是馬蠅。有一次，我和我的兄弟在肯塔基老家的一個農場犁玉米地，一個吆馬，一個扶犁。剛開始馬很懶，總是不願意動；可是過了一會兒，牠卻在農地裡跑得飛快，連我這雙長腿都跟不上。等跑到了地頭，我才發現，原來有一隻很大的馬蠅叮在馬身上，我不忍心看著這匹馬被咬得疼，就隨手就把馬蠅打落了。我兄弟卻埋怨我，並告訴我正是有了馬蠅的叮咬，才使馬跑得快。」

然後，林肯解釋到：「如果現在有一隻叫『蔡斯』強有力的馬蠅正在叮咬我們的陣營，我們不僅不應該打落他，更應該感謝他，因為正是有了他的威脅，我們才會努力地跑。」

從科學的角度上來說，鬥雞博弈對人的作用，和達爾文生物進化論的觀點相一致，在自然界中，到處都存在著一種競爭的法則，在這種競爭法則的作用下，這個世界才顯得生機勃勃。如果一個物種失去了競爭，這一物種就會失去活力，死氣沉沉而陷入滅種的邊緣。

　　有位動物學家在對生活在非洲奧蘭治河兩岸的動物考察中，發現了一個奇怪的現象：生活在河東岸的羚羊繁殖能力比西岸的強，並且牠們的奔跑能力也大不一樣，東岸羚羊奔跑速度每分鐘要比西岸的羚羊快 13 公尺。

　　經過深入研究，這個謎底終於被揭開，東岸的羚羊之所以強健，是因為牠們附近生活著一個狼群。牠們為了生存，天天生活在一種「鬥雞博弈」中，因而越活越有戰鬥力；而西岸的羚羊之所以弱小，恰恰是因為牠們缺少天敵，沒有生存的壓力。

　　在實際應用中，你不難發現，鬥雞博弈是個體和群體前進的「助推器」：

　　一個人只有被另一個人叮著咬著，他才不敢鬆懈，才會努力拼搏，不斷進步，並在前進的道路上嚴於律己，不犯錯誤。

　　一個團隊只有被另一個團隊叮著咬著，這個團隊才能團結一致，形成一股力量，並在團隊與團隊的競爭中處於優勢地位。

　　一個企業只有被另一個企業或行業中的同行企業叮著咬著，這個企業才能在行業惡劣的競爭環境中調整自我，提高管理水準，積極開發新品，努力降低成本，優化行銷手段，完善產品售後服務體系。只有這樣，才能使自己的企業不斷地戰勝對手，超越對手，創造奇蹟。

鬥雞博弈，進與退的智慧

　　一個國家只有被另一個國家或者被若干個敵視自己的國家叮著咬著，才能使這個國家居安思危，努力加強經濟和國防建設，努力增強自己國家的綜合國力，時刻保持清醒頭腦，應付有可能發生的戰爭威脅，使自己的國家永遠立於不敗之地。

　　由此可見，在生活和工作當中出現競爭對手並不是一件壞事情，相反，倒是一件好事，因為他能使你充滿活力而富有朝氣。所以，我們每個人應該學會利用競爭關係，實現個體或集體的進步。

　　不知你是否聽過沙丁魚的故事。在很久以前，挪威人從深海裡捕撈的沙丁魚，常常還沒等運回海岸，便都口吐白沫，奄奄一息。漁民們想了很多的辦法，但都失敗了。然而，有一條漁船，卻總能帶回活魚上岸，所以他賣出的價錢也要高出幾倍。

　　後來，人們才發現了其中的奧祕。原來，這條船是在沙丁魚槽裡放進了鯰魚。鯰魚是沙丁魚的天敵，當魚槽裡同時放有沙丁魚和鯰魚時，鯰魚出於天性就會不斷地追逐沙丁魚。在鯰魚的追逐下，沙丁魚拼命遊動，激發了活力，因此才活了下來。

　　這就告訴人們一個道理，對手是自己的壓力，也是自己的動力。而且往往是對手給自己的壓力越大，由此而激發出的動力就越強。對手之間，是一種對立，也是一種統一。相互排斥，

又相互依存，相互壓制，又相互刺激。尤其是在競技場上，沒有對手，也就沒有活力。

一位教練曾經這樣說：「對手是每個運動員的最好的教科書，誰要想戰勝對手，誰就得向對手學習。」對手之所以能夠成為對手，就說明在他的身上，一定有其高超和獨特的東西。與這樣的對手比賽，不僅能找到競爭的舞臺，而且會帶來競爭的樂趣。

可以想像，一場沒有對手的比賽，將是多麼的無味。綜觀雅典奧運會領獎臺，就會發現，每個金牌得主的快樂，都來自於競爭的勝利。戰勝對手，才是最大的慰藉。

在每個人的現實生活中，也常有這樣的體會。假如身邊有了競爭的對手，就會感覺到一種無形的壓力。一是格外緊張，心中的弦一刻也不敢放鬆；二是格外小心，生怕一時疏忽讓對方戰勝自己；三是格外努力，而且經常會出現超水準的發揮。

某研究所裡，有兩個同樣出類拔萃的專家，為爭所長之位互施拳腳，結下仇恨，其中一位上任後竟逼迫另一位辭職出走。誰曾想，三年後這位出走的學者連出了三本著作，問他何以如此輝煌，這位學者坦誠地說：這得感謝我的對手，他激勵著我前進。

鬥雞博弈，進與退的智慧

　　在很多時候，你不一定得罪或招惹誰，但你的存在就會對他人造成威脅，如果這個他人是心理健康的人，他還可以與你平等競爭，但不幸遇到心理陰暗的人就糟了，怎容得你的比他強！

　　在逆境中，在對手的重重包圍中，當對手在背後緊追不捨的時候，堅強的人會像非洲奧蘭治河東岸的羚羊一樣，將具備更快的奔跑速度，保持最佳的競爭狀態。是對手讓我們如此努力，讓我們成長得更為強大。

　　生活中出現幾個對手、一些壓力或一些磨難，的確並不是壞事。一份研究資料說，一年中不患一次感冒的人，得癌症的機率是經常患感冒者的 6 倍。至於俗語「蚌病生珠」，則更說明問題。一粒沙子嵌入蚌的體內後，它將分泌出一種物質來療傷，時間長了，便會逐漸形成了一顆晶瑩的珍珠。

　　人生中沒有危機則是最大的危機。舉個最簡單的例子，家在學校附近的學生最容易出現遲到的現象。究其原因，沒有危機意識是主要的因素。

　　環顧周圍，許多行業因為沒有了對手，安於現狀而無所適從，以至於逐步走向衰亡。沒有了一個水準相當、恰到好處的對手，就會缺少危機感。就激發不了進取的意志，有了對手；

才會有競爭力，才能不斷奮發圖強，不斷銳意進取。

在這個時代，沒有人會等著被吞併、被替代、被淘汰。擁有一個強勁的對手，有時候反倒是一種福分、一種造化。要知道正是這種強勁的對手，才讓我們有種危機四伏的感覺，進而激起我們更加旺盛的精神和鬥志。

而對於管理人員來說，更要巧用鬥雞智慧，給員工引入對手和壓力。因為一個公司如果人員長期固定不變，就會缺乏新鮮感和活力，容易養成惰性，缺乏競爭力。只有外有壓力，內有競爭氣氛，員工才會有緊迫感，才能激發進取心，企業才有活力。

WWW.foreverbooks.com.tw　　　　　　　　　　　yungjiuh@ms45.hinet.net

POWER系列　56

別做最後一個傻子：博奕高手養成手冊

編　　著	李世賢
出 版 者	讀品文化事業有限公司
執行編輯	林秀如
美術編輯	林鈺恆
內文排版	姚恩涵

總 經 銷	永續圖書有限公司
	TEL／(02)86473663
	FAX／(02)86473660
劃撥帳號	18669219
地　　址	22103　新北市汐止區大同路三段 194 號 9 樓之 1
	TEL／(02)86473663
	FAX／(02)86473660
出 版 日	2019年11月

法律顧問	方圓法律事務所　涂成樞律師
CVS代理	美璟文化有限公司
	TEL／(02)27239968
	FAX／(02)27239668

國家圖書館出版品預行編目資料

別做最後一個傻子：博奕高手養成手冊 / 李世賢
編著. -- 初版. -- 新北市：讀品文化, 民108.11
　　面；　公分. -- (POWER系列；56)
　　ISBN 978-986-453-109-7(平裝)
　　　　1.成功法 2.博奕論
　177.2　　　　　　　　　　　108015655

永續圖書
線上購物網

www.foreverbooks.com.tw

◆ 加入會員即享活動及會員折扣。

◆ 每月均有優惠活動，期期不同。

◆ 新加入會員三天內訂購書籍不限本數金額，

　即贈送精選書籍一本。（依網站標示為主）

專業圖書發行、書局經銷、圖書出版

永續圖書總代理：

五觀藝術出版社、培育文化、棋茵出版社、達觀出版社、

可道書坊、白樺文化、大拓文化、讀品文化、雅典文化、

知音人文化、手藝家出版社、璞珅文化、智學堂文化、語

言鳥文化

活動期內，永續圖書將保留變更或終止該活動之權利及最終決定權。

讀好書品嘗人生的美味

別做最後一個傻子：
博奕高手養成手冊